服を味方にすれば仕事はうまくいく

ネイビージャケットからはじめる
働く女性のファッションルール

Business Fashion Rules

Woman's Dress *for* Success

John T. Molloy

ジョン・T・モロイ
八重田暁子 訳
中野香織 監修

Discover

FOREWORD
監修者序文

アパレルが全般的に売り上げ不振にあえぐなか、好調と報じられているジャンルがある。

レディススーツである。

2018年6月20日発売の「週刊ダイヤモンド」の報道によれば、好調の背景にあるのが、女性活躍推進法である。管理職昇進前後の30代後半から50代までの「アラウンド管理職」世代が、下の世代とは一線を画す管理職にふさわしい仕事着を購入しはじめているという。

腑に落ちることがある。私は企業の顧問講師の仕事もしているが、最近になって需要が高まっているテーマが、「女性のビジネスウエア」に関することなのである。従来、女性のビジネスウエアは「男性服に準じる」という表現で曖昧にお茶を濁されてきた。具体的に何が「準じる」服なのか、男性との違いを出していいのはどこまでなのか、海外のビジネスパーソンとの交渉で着るべき服あるいは着てはいけない服は何なのか、その基準と実例を知る必要がある女性が増えているという実感がある。

日本において女性の管理職進出が本格的に進むこの時期に、まさに求められているのが、ビジネススキルとしての服装に関する知識と、その理想を反映する服なのである。

この切迫した需要を受けて急遽、刊行されることになったのが、ほかならぬ本書である。

本書は1996年にアメリカのコンサルタント、ジョン・T・モロイが出版した『成功のための服装術・女性編』改訂版の翻訳である。元のバージョンはなんと1977年に出されており、96年の改訂版を訳した日本語版は、2005年に『ミリオネーゼのファッションルール』(ディスカヴァー・トゥエンティワン)としてすでに出版されている。このたび、それに新たにイラストレーションが加えられ、装いも新たになって、まさしく今、日本の女性の活躍推進を服装面から支援する本として世に出されることになった。

FOREWORD
監修者序文

あなたは疑問に思うだろう。そんな20年も前に書かれたアメリカの服装ルールなんて時代遅れで使えないのではないか、と。

ところが、面白いことに、今読み返してみても、まさに現代の日本で実効性が高いと思われるルールがほとんどなのである。

それはひとえに、モロイが実証的にこれらのルールを導き出しているためである。主観的な美的センスに基づいた助言などではなく、彼は、実際に女性のビジネスパーソンが服を変えたら周囲からどのような反応があり、どのように昇進に影響したのかというところまで徹底的にリサーチし、検証した上で諸法則を導き出している。その結果、モロイが説く諸ルールの根底にはしばしば、女性が仕事で成功するための服装の本質が横たわるのである。それは時代を経ても大きく変わるものではない。

男性がいまだ主流を占める組織のなかで、能力にふさわしい地位に引き上げられ、対外的にもその地位にふさわしい扱いを受けるにはどのような服を着用するべきなのか？　本書ではそのためのルールが網羅されるが、モロイの鋭いところは、服装指南の範囲を、仕事中の社内で着る服だけにとどめていないところである。

カジュアルデイ、ビジネスがらみのランチやパーティーなどの社交、さらにビジネス関係者とのゴルフや水際レジャーにいたるまで、オフといえども、いやオフのときこそ、仕事関係者がいる場面では決して気をぬかず、ぬかりなく服装戦略を考えるべきとモロイは説くのである。

実はカジュアルな場面で着る服装にこそ「育ち」が露呈し、それが周囲の人の無意識レベルでのあなたの評価につながっているという恐ろしくも厳然たる事実を、私たちは今一度認識しなおさなくてはならない。

モロイの本は、1980年代のアメリカで衝撃をもって受け止められ、パワードレッシング（成功のための服装術）という考え方を流行させた。そして今、21世紀の日本において、彼の考え方をニュー・パワー・ドレッシングとして普及させたいと私は願っている。

地味とコンサバの間を目指せ。セックスアピールではなくサクセスアピールを。ファッショナブルではなくプロフェッショナルに。レディライクで手強くいこう。そんなキャッチフレーズを胸に、能力があるのに服装が邪魔をするなどという不本意な罠に陥ることのないように、服装にビジネスの後押しをしてもらおうではないか。

このたび、2005年に出版された日本語バージョンを新装版として監修するに

FOREWORD
監修者序文

あたって、原書にも前回の本にもなかったイラストレーションを25点挿入した。断るまでもないが、あくまでもこれは具体例の一つとしてのイメージであり、職種や経験によってはそぐわない場合もあろう。そっくりそのまま模倣していただく必要はない。

イメージソースは、実際に着用されているスタイルであったり、デザイナーのコレクションであったり、流通している服を組み合わせてみたりと多様であるが、多少のドレスアップが必要なビジネスの社交着に関しては、「ジュン アシダ」の近年のアーカイブを参考に、若干のアレンジを加えさせていただいた。

このブランドの服を選んだのは、シーズンを経ても国境をまたいでも通用する品格が表現されているためである。

本文中に例として引き合いに出される表層の形、人名などの固有名詞に関しては、一部、時代からずれた部分もあるかもしれないが、ルールが導き出された人間の心理や、女性の仕事服の本質はあまり変わっていないという点が重要である。

読者のみなさまには、その本質的な部分をこそ確実に読み取り、自分が日々闘うフィールドにおいてはどのようにその考え方を応用するのか、各自で考え、研究を重ねてほしい。

断るまでもないことだが、本書は基本的な考え方を知るための一参考書であり、全員がこれに倣えば同じようにうまくいくというものでもない。

それぞれの職場、それぞれの仕事、それぞれの個性に合った服装のスタイルは、基本の考え方から一歩踏み出し、各自で考え、勝ち取っていただきたい。

ＩＭＦ（国際通貨基金）トップのクリスティーヌ・ラガルド氏、ドイツ首相のアンゲラ・メルケル氏、元ヤフー・ＣＥＯのマリッサ・メイヤー氏らは、仕事においてのみならず、服装においてもオリジナルでユニークな個性を発揮し、存在そのものが唯一無二の「ブランド」となって、多くの人が憧れる女性リーダーとして活躍している。服装のセンスと仕事のセンスは互いに手を携えて影響力を発揮するのだと彼女たちは教えてくれる。

日本にも、内実をともないながら、後輩のお手本にもなるようなプロフェッショナルにしてレディライクで手ごわいスタイルリーダーが続々登場することを心から願いつつ、本書をお届けします。みなさまのご健闘を心よりお祈り申し上げます。

２０１８年　夏

中野香織

PROLOGUE はじめに

服は多くの女性のキャリアアップにとって、大切な要素です。

「ビジネスで成功する服」を着ていれば成功が約束されるわけではありませんが、逆にビジネスに不適切な服装は、ほとんどの場合失敗につながることが数々の調査によってわかっています。

優秀な男性は、たとえ見た目がみすぼらしくても、無骨だがすばらしい素質を持った人と思われて出世できますが、もし女性がビジネスに不適切な服装をしていたら、男性管理職も女性管理職も、その女性を幹部候補からはずしてしまいます。

これは明らかに矛盾したダブル・スタンダードですし、不公平なことでもありますが、それが現実なのです。あなたは、この現実に対処しなければなりません。

この本が出版される数カ月前、私は「ビジネスで成功する服」というコンセプトが、今もなお根拠のあるものであることを証明しようと考えました。そして、３週間電話をかけ続けて、１４２のオフィスの管理職に、１週間にわたって部下の写真を撮ってもらう約束を取りつけました。そして、写真に撮った部下たちを、次の３つのグループに分けてもらいました。

①ビジネスで成功する服装をしている人
②ビジネスにふさわしい服装をしている人
③ビジネスに不適切な服装をしている人

写真が手元に届くと、今度は私たちが調査に基づいて、同じようにグループ分けしました。彼らのオフィスでは服装は成功の要因だとは思わないと言った34人の上司をあえて選んだのですが、驚いたことに彼らのグループ分けは、私たちのグループ分けとほぼ一致しました。

その後、同じ管理職たちに、部下たちを別のグループに分けてもらいました。今度は、次の３つです。

①成功した人や将来成功すると思われる人
②成功する可能性を秘めている人
③決して成功しないだろうと思われる人

その結果、**上司から適切な服装をしていると思われている人たちは、平均的な服装をしている人たちの1・5倍、貧相な服装の人たちの4倍、成功者のグループの中に含まれる確率が高い、**という結果が出ました。

調査対象の数も調査方法も違いますが、私が20年ほど前に行った同じような調査から得られた結果と、本質的な違いはありませんでした。今でも、ほとんどのビジネスウーマンが仕事で失敗する服装をしているのです。

データを分析した結果、私たちは、服装が、背の低い男性、平均より背の高い白人男性にも影響することを発見しました。同じ傾向は、女性たちにも見られました。すなわち、背が低い女性、太った女性、性的魅力にあふれた女性、非常に美しい女性や年配の女性にとって、適切な服装をすることは、平均的な女性よりもいっそう重要でした。

さらに、私たちは、**他の立場の人たちよりも管理職や専門職の女性たちに、服装が大きな影響を与える**ことを発見しました。実際、ほとんどの女性管理職は、適切な服装をしています。ビジネスに不適切な服装をした女性は、そもそも経営陣に加わることはできないからのようです。

この3年間、私のクライアントの企業で働く2000人のビジネスウーマンに話を聞いた結果、私はアメリカ合衆国全体で、何十万人もの女性が経営陣に加わるだけの能力を持っていると推察するに至りました。さらに、にもかかわらず彼女たちの多くに経営陣に加わるチャンスがないのは、地位にふさわしい服装をしていないからだということも確信しました。

服装は、ほとんどの女性のキャリアに重大な影響を及ぼしています。自分の職種には関係ないと思っている多くの女性も例外ではありません。その最たる例は、女性科学者たちです。

彼女たちは同僚や上司以外の誰にも会わず、一部の人たちがほんの時たま彼女たちを見かけるだけでした。ですから、彼女たち自身も上司も、重要なのは仕事の質だけだと信じ込んでいました。

しかしそんな状況でも、秘密の研究所で働く研究者のような服装でなくプロフェッショナルらしい服装をしていた女性が、同じように才能がある同僚の女性たちのほぼ2倍の確率で、管理職のポストに昇進していたというデータが得られました。

さらに調査員たちを驚かせたのは、**服装が最も重要なのはカジュアルな環境で働く女性たち**だということでした。

女性管理職や専門職を調査してみると、ほとんどの人がカジュアルな服装が自分の仕事の実績に与える影響力に気づいていましたし、平日の服装よりカジュアル・フライデイの服装を選ぶのに大変な努力をしていました。

この事実はこの本にとって重大なことでしたから、私はそれを立証するため、2度目の調査を行いました。私は、従業員の服装が年間査定の1項目になっていた22の大企業と中堅企業を探し出し、調査に参加してもらうように話しました。企業のほうでも、自社の従業員の服装が職場にどんな影響を与えているのかを知りたいと考えていたので、調査に参加してくれました。

私たちは、調査が始まってから何回目かの査定で、服装がよくなった、と誉められた102人の女性たちとその査定者たちに会いました。服装を改善することによって、査定者（多くが直属の上司）の部下であるその女性を見る目に、大きな変化があったことがわかりました。

2年のうちにその女性たちをより好意的に見るようになった査定者がほぼ半数、5年から7年後にその女性たちを以前より有能だと思うようになった査定者が残りの半数のほとんどを占めていました。

一部の査定者は決して見方を変えませんでした。いったん誰かに対してあるイメージを持つと、それを決して変えようとしない人たちもいるのです。

しかし、服装を改善することは時間の無駄ではありませんでした。服装がよくなった従業員の、部署や上司が変わった場合、新しい上司（その一部は初対面でした）は彼女たちをポジティブに受けとめたのです。

この結果は、私たちが人気を高めるのためのトレーニングを行った時とまったく同じでした。そのトレーニングを受けて人気を獲得できる行動や雰囲気を身につけた人たちが新しく知り合った人とコミュニケーションをとる場合、最初から人気者のように好意的な扱いを受けたのに対し、以前からの知り合いの場合は、半数くらいの人からしかプラスの反応を受けることはなかったのです。

もちろん、これは現在、ビジネスにふさわしくない服装をしている人たちにとっては悪いニュースです。

しかし、これで話が終わりというわけではありません。**ビジネスで成功する服装をするようになればすぐ、昇進において競争相手よりもかなり有利な立場に立てる**からです。

特に社内で初対面の人に対応する場合には大いに有利ですし、何年も前から知っている人に対する場合でさえ有利です。

この本を数時間かけて読んでしまえば、あなたはそこまで有利な立場に立つことができるのです。

Evidence
ファッションルールの根拠

すべて調査と実験に基づいている

本書は男性向けに私が最初に著した『Dress For Success』と同様、すべて調査に基づいて書いたものです。

私が調査について触れようとすると、ほとんどの人たちは呆然としてしまうようですが、調査なしでは他の多くのイメージコンサルタントのように、根拠のないことを勝手に推測することしかできません。

ですから、私は調査について簡単にでも、述べる必要があると思います。ご心配なく。膨大な統計の数字を並べて、読者の皆さんを閉口させるつもりはありませんから。

私が用いているのは、標準的な調査技術と統計分析法です。ほとんどの調査は数百万ドルの価値があります。それだけの費用をかけていますが、その資金は大企業によって支払われています。このような大金をかける場合、企業は必ず調査過程を非常に注意深く監視するものです。ですから調査を行う立場として、私は微に入り細にわたって、調査に注意を払わなければなりません。

次に調査結果を検証します。発見したことは、可能な限り現実の世界で実験します。

机上の調査結果だけに頼ってアドバイスをすることはありません。研究が終わった時点で私はクライアントに調査結果を持ち込み、その実証のために援助してくれるかどうか尋ねます。ほとんどの場合、クライアントは同意してくれます。

根拠① 服装に関する調査結果

さて、服装に関する私の最初の調査プロジェクトは、1963年、政府の予算を使っておこないました。教師の服装が教室における生徒たちの学習力に影響するかどうか、というテーマに関する調査で、ほぼ2年かけて、多くの結論を導き出しました。

たとえば、中学校や高校の生徒たちは、くだけた服装の先生たちのことが好きだし親しみやすい、そういう先生の授業には熱心に取り組む、と口では言っているものの、実際に、生徒たちが授業を熱心に受け、良い成績をあげるのは、コンサバティブな服装の先生たちの授業においてでした。

生徒たちにその理由を尋ねたところ、きちんとした服装の先生たちは採点が厳しそうだと思ったので、より長い時間、熱心にその先生たちの学科を勉強したということでした。

また、教師の服の色や柄は、指導力や生徒たちの注目を引きつける時間の長さに影響を及ぼしていました。

私たちはこの事実を証明するのに、授業中の生徒たちのまばたきの頻度を測定しました。頻度が高いほど集中の度合いは低いからです。

さらに、授業の後、生徒たちが授業内容をどれだけ理解しているかを、標準的なテストによって測定しました。

ほかにも、若い先生たちに暗めの色の服を着てもらったところ、先生たちは、クラスを指導しやすくなったことに気がつきました。暗い色は権威を示すのです。逆に、生活指導のカウンセラーがアースカラー（赤みがかった茶系の色）の服を着ると、生徒たちが話しやすくなるということもわかりました。

次に行った調査は、法律事務所を対象にしたものでした。若い弁護士がどんな服装をすれば依頼人や裁判官、陪審員から信用されるかを明らかにしてほしいという依頼を受けたのです。

その疑問に対する答えを出すと、次には、依頼人や目撃者の服装指導をしてほしいという依頼をうけました。

私たちは、犯罪の容疑者として起訴された人がブルーに白とえび茶を加えたコーディネイトで法廷に出ると、多くの陪審員から無罪に見えることを発見しました。個人的な傷害事件の公判の場合は、依頼人にワンサイズ大きめの服を着せると、信じてもらえる確率が上がりました。

根拠② 多くの企業へのコンサルティング実績

私たちが勝訴の確率を上げる服装アドバイスができることを知って、法律事務所は私を自分たちの抱えるクライアント企業に推薦してくれました。今でも、その時紹介してもらった企業の多くが、私のクライアントとして残っています。

最も多かった質問は、鉄製品や食品、薬品、木材、オフィス用品、金融サービス、会計サービスの営業はどのような服装をすればよいのか、ということでした。

販売に携わる人は、販売する製品やサービスに合う服装、販売相手である顧客にとけ込む服装をすれば、販売成績が上がります。

では、たとえば、電話修理業者、ピザの配達人、レンタカー業者、銀行の窓口係、トラック運転手、不動産営業マンというような人たちに、最も効果的な制服はどんなものでしょうか？

電話修理業者やピザの配達人は、人々に玄関の扉を開けてくれるように頼むわけですから、制服は一目見ただけで電話修理だ、ピザの配達だ、とわかる制服でなければいけません。実際に制服をデザインしたこともありました。

際立って難しかったのは、自分自身を売り込むためにどんな服装をすればよいか、という質問でした。これは、就職活動中の大学生、選挙戦中の政治家の2つのグループから最も多く出た質問でした。

一度、自分を売り込むために何を着ればいいか、服装を変えてみてわかった人は、成績を伸ばしてキャリアの目標に到達することができました。そして私は多くのファンを獲得しました……ついでに私のニセものもたくさん出現しました。

根拠③「Dress for Success Diary」と電話追っかけ調査

ビジネスウーマンのための服装を調査しだしてから、私が用いた方法のひとつが「Dress for Success Diary」（巻末に「ビジネスファッションダイアリー」として掲載）です。

これは、一定期間、毎日の服装と、その時どういう扱いを受けたかを記録するものです。この成果は、これから本文の中で随所で述べることになります。

ほかにも調査方法を開発しました。特別なフォーカスグループ（一定の特性を持った複数の調査対象者）を使う調査です。

この本のための調査が始まったばかりの頃、私は組織の中に存在する女性に対する見えない差別を乗り越えるのに有効なアドバイスができれば、と思っていました。そのため、トップ・マネジメントの女性たちで構成されたグループを対象とした「フォーカス・グループ・インタビュー」を行ったのです。

もしあなたがトップにいる女性か、トップを目指している女性なら、このグループ・インタビューに答えてくれた女性たちのアドバイスには絶対従うようにお勧めします。

根拠④　女性たちからの反響

30年以上前に私を雇った多くの企業が今でもクライアントとして残っている、という事実が、私の方法論が効果的である証拠でしょう。

しかし、私が最も誇りに思っているのは、私に手紙をくれた９０００人以上の女性たちからの支持、私のおかげで人生が変わった、と感謝の手紙をくれた女性たちからの支持です。

10通の手紙のうち7通には、同じストーリーが書かれています。彼女たちは皆、ビジネスで成功するために必要な資質をすべて備えているように見えます。高い教育を受け、よく働き、ひたむきで、非常に有能です。

しかしなぜか彼女たちは重要な仕事を任せてもらえず、評価もされず、自分にふさわしいと思えるポストも与えてもらえませんでした。彼女たちは、きちんとした服装をしてさえいれば、きっとそのうち昇進できるはずだと信じていました。

でも、ただ「きちんとした」服装をするだけではだめだったのです。そこで、半信半疑、「ビジネスで成功する服」を着るようになると、責任ある立場の人たちは、彼女自身のことも彼女の仕事も尊敬の念を持って見るようになりました。そして、評価の証として重要な仕事を任せられたり、上のポストに昇進が決まったりするようになりました。彼女たちはとても驚いたようです。

大きな会社の広報で働いていたスーザンからの手紙には、その驚きがよく表現されています。

「会社のプレスリリースが特に印象的なものでなければならない時は、私は内容もスタイルも、完璧としか言えないほどのクオリティで作成しました。

私は、何でもない普通の紙に印刷したプレスリリースなど、誰も読んでくれないことを知っていましたから、間違いなく正しく校正し、正しくレイアウトし、美しくデザインされた紙に印刷しました。それなのに私自身は、ジーンズをはいて席に座り、なぜ管理職に昇進させてもらえないのか不思議に思っていたのです。

『Women's Dress for Success』の前書きを読み終わらないうちに、私は自分の間違いに気づきました。私は会社の製品やサービスには成功するように効果的な服を着せていましたが、自分自身の服装には無頓着だったのです。私がこれに気づいたのは1年半前ですが、それから今までに3回も昇進しました……」

ジョン・T・モロイ

本書では、これらの根拠をもとに仕事がうまくいくために服を味方にする方法をお教えします。

contents
もくじ

CHAPTER 1
NG style
失敗のルール

——ビジネスで失敗する服装を着てしまう
8つの理由

CHAPTER 2

The Jacket
ジャケットのルール

CHAPTER 3

The Suit
スーツのルール

——成功するビジネススーツ　目的別コーディネイトのルール

——成功するビジネススーツ　ショッピングのルール

CHAPTER 4

The Dress
ワンピースのルール

――ワンピースを着るべきではない理由と例外

――ビジネスで許容されるワンピースのルール

CHAPTER 5

Other Items
その他のルール

CHAPTER 6

By Scene
シーン別ルール

――成功のためのビジネス社交着のルール

——カジュアルドレスコードの罠

——採用面接のルール

CHAPTER 7

By Job
職業別ルール

—— 専門職のファッションルール

CHAPTER
1

NG style

失敗のルール

多くのビジネスウーマンが、ビジネスで失敗する服装をしています。65％から70％の大卒・高学歴の女性たちが、服装のせいでステップアップの可能性を狭めています。

特に才能豊かな女性たちは、服装など関係なしに重要なポストにつくことができますが、企業の決定権者たちへの調査では、彼女たちですら、もしビジネスに効果的な服装をしていればもっと早く昇進していただろう、という結果が出たのです。

なぜ、これほど多くの女性が、「ビジネスで失敗する服」を着ているのでしょうか。部下の女性がビジネスに非常に不適切な服を着ていることに気づいても、上司は何も言わない、というのが、その理由です。

男女平等が叫ばれている昨今、男性管理職は服装について女性に注意するのを怖がっていますし、女性管理職はそんなことは自分の仕事ではないと思っています。

つまり、誰も彼女たちが勘違いしているということを教えてあげないのです。

その結果、多くの女性たちが、自分の服装がキャリアにマイナスの影響を及ぼしているという事実を知らないまま、ビジネス用の服選びにおいて、何度も同じ過ちを犯しているのです。これが若い男性だったら、何度も注意されるはずです。

実際、男性である私も20代の頃に服装の注意を受けました。副部長のオフィスに呼ばれ、よいニュースと悪いニュースがあると言われました。よいニュースとは、私を彼のアシスタントに昇格させて給料も上げてくれるということ、悪いニュースは、上がった分の給料の使い道を指示されたことでした。

副部長は、お気に入りのブルックス ブラザーズのセールスマンから、これから3カ月間毎月スーツ1着とネクタイ2本を買うようにと命じました。セールスマンには私が何を必要としているか、すでに伝えてありました。

新しいスーツを選ぶたびに私は副部長に報告し、副部長は私の古いスーツのうち、二度と仕事に着てくるべきではないスーツはどれか、教えてくれました。

当時はわかりませんでしたが、今となってはそれらのアドバイスは、昇進よりもありがたいものでした。私は、こざっぱりとした身なりさえしていれば、服が自分の未来を阻むことなどない、と信じ込んでいたのですから。

それは現在の女性たちも同様です。

ビジネスで失敗する服装をする女性のほとんどは、これからお話しする8つの罠のどれかにはまっています。

NG Style

ビジネスで失敗する服を着てしまう8つの理由

Mistake 1

生まれ育ちが服装に表れているのに気づかない

女性たちが失敗する服装をしてしまう理由として最も多いのは、それまで育った環境で得た感覚のまま、自分のワードローブを選び、企業の決定権を持つ人たちに野暮ったいと思われるようなコーディネイトをしてしまうことです。

育ちのよい女性を上司に持っている場合は特に悲惨な結果を招きます。調査結果によると、女性の上司には、私は社会的・経済的にあなたの妹のような存在です、とアピールするのが最も効果的です。

洗練された感性に自信のない人は、まず、あちこちの店を見て回ることです。何か買おうとする時は必ず、**価格の面で両極端にある高級店と安い店の両方に行くこと**。そして、同じアイテムを注意深く比較するのです。ほとんどの女性は数週間で、より洗練されたおしゃれのセンスを身につけることができます。どの色や柄、デザインが、洗練されたものなのか、直感的にわかるようになるでしょう。

たとえばブルーのスーツ、ベージュのワンピース、ワインカラーのスカーフが必要だと決めたら、まず、仕事で着られるタイプの服を扱う、街でいちばん安い店で、ブルーのスーツ、ベージュのワンピース、ワインカラーのスカーフを見てみましょう。

その後、街でいちばん高価な店に行き、そこで売っている同じアイテムを注意深くチェックします。色合いや素材の風合い、仕上げ、吊るしてみた時の感じ、スタイルなど細かい部分まで注意を払いましょう。

最後にあなたが買える価格の店へ行き、そこの商品の中から高級な店の商品のように見えるブルーのスーツ、ベージュのワンピース、ワインカラーのスカーフを探すのです。見た目も感触もほとんど高級な店の商品と同じなら、買ってください。

そして、高級店で買い物ができるように、特別に服専用の積み立てを始めましょう。**自分自身と自分の未来の可能性に投資**しているのだ、ということを忘れないでください。

あなたは「でも私は高級な服を買える余裕なんかない。その次に高級な服だって買えない」と言うかもしれません。でも、私に言わせればそれは逆です。あなたには、買わない〝余裕〟なんてないのです。

Mistake 2 ファッション業界の仕掛けた罠にはまる

ファッショナブルな服を着ている男性は、ほとんどのビジネスマンから、軽薄で重要な案件を信頼して任せられる相手ではないと思われるでしょう。同じことが女性なら違ってくるなどということはありません。

ファッション業界で働く人たちの使命は、毎年、昨年のものが古くなったと感じさせ、新しい流行の服を買ってもらうことです。彼らの関心は、客のキャリアではなく自分たちのキャリアだということを覚えておきましょう。

『ニューヨーク・タイムズ』は毎年、多色刷りのファッション特集号を発行します。読者の多くがワーキングウーマンなのにもかかわらず、現実の女性が必要とする現実の仕事のためのリアルクローズをずっと認めずにいます。

ファッション業界とその代弁者たちは完全にビジネスウーマンを無視しているのですから、ビジネスウーマンもファッション業界を無視するべきです。

そもそも、ファッショナブルな服は高価すぎます。一部のデザイナーたちの服が非常によくできているのは認めますが、価格に見合うほどではありません。

Mistake 3
自称エキスパートに服選びを任せる

女性がビジネスで失敗する服を着ている3番目の理由として、スタイリストなどに服を選んでもらっていることが挙げられます。

自分の将来をパーソナル・スタイリスト（訳注　スタイリスト兼買い物代行者のような役割をする人。多くのセレブリティを顧客に持つ、有名なパーソナル・スタイリストも存在する）に引き渡すことについては、かなり慎重にならなくてはいけません。

彼らは、女性として魅力的に見える服を選ぶのは上手ですが、伝統的なビジネス社会の中で働いた経験のない人がほとんどです。

さらに、店に雇われているパーソナル・スタイリストの場合、彼らが誰からお金をもらっているか考えれば、彼らが誰に気を使って仕事をするか、わかるはずです。

いちばん馬鹿らしいアドバイスは、カラーコンサルタントから受けるアドバイスです。もちろん服装において色は大切ですが、人を季節などという４つのグループに分けるような考え方に根拠はありません。

色がもたらす真の効果については、今後、随所で述べていきます。それを読めば、色選びはずっと楽になります。

Mistake 4
セックスアピールとサクセスアピールを混同する

4つ目の落とし穴は、セクシーすぎる服、露出度の高すぎる服を着ることです。私たちは過去20年以上にわたって計14回、セクシーな服を着た女性たちを調査してきましたが、いつも結果は同じでした。男性の上司からも女性の上司からも、性を感じさせない服を着た女性と比べると、能力的に劣る、と見なされたのです。

多くの男性は、セクシーに装う魅力的な女性を好み、果ては結婚することもあるでしょうが、重要な仕事を任せるほど信頼することはまずあり得ないでしょう。

それでも、女性たちの反応よりはまだ好意的なほうです。露出度の高い服を着ている女性たちと仕事をしている137人の女性を調査したところ、3分の1の女性が敵意をむき出しにしていました。

どんな女性も、仕事にセクシーな服を着ていくべきではありません。今の時代、魅力的に見えることやチャーミングなことはビジネスでも強みになりますが、それはあくまでも、ある一線を越えない場合だけのことです。

では、その「一線」とはどのようなことか？　調査の結果、その基準は、性差や階層、業種を超えて、驚くほど一致しました。ただし、ミニスカートは例外でしたが。詳しくは、後に述べていきます。

Mistake 5
同性の視線ばかり気にして男性の視点に気づかない

女性がビジネスでの成功を逃す5番目の理由は、**男性と女性では、服に対する見解が違う**という明白な事実をわかっていないことです。

女性の服の調査を始めたばかりの頃、私は、ビジネスに効果的でないと知っていながら、女性にかわいらしいワンピースを着るように宣伝するファッション雑誌は、女性をビジネスの世界から追い出すための陰謀をめぐらしているのだと思っていました。しかし、それは間違いでした。ほとんどの雑誌は女性たちによって運営・発行され、女性たちの観点を述べているだけだったのですから。

ある雑誌の女性ライターは、記事でペールピンクのスーツを取り上げ、絶賛していました。カッティングはコンサバティブ、デザインはトラディショナル、彼女によれば、それは仕事用としてすばらしい服だということでした。

そこで、この写真をビジネスウーマンに見せてみました。すると、大多数がそのスーツをビジネスにふさわしいと考えました。ところが、同じ写真を男性に見せたところ、93%がこの女性はまともなビジネスパーソンではないと言ったのです。

彼らは、私がリストアップしたあらゆる重要なポストの候補者から、このスーツを着た女性をはずしました。

男性の会計士はこの女性は一流の会計士にはなれないと思い、男性のエンジニアは彼女を有能なエンジニアではないと思い、男性の管理職はこの女性は上級の管理職にはなれないと思ったのです。

男女の見解の違いが最もはっきりするのは、ミニスカートをセクシーと感じるかどうか、という点です。短いスカート丈であること以外はすべてコンサバティブなデザインのグレーのスーツとブルーのスーツを、女性たちに見せてみました。すると、彼女たちはどちらもビジネスにふさわしい服だと言いました。そのうち何人かは、スカートが「それほど短くない」という理由から、このスーツはビジネスに向かないどころか常識の範囲内だと答えました。

同じ写真を男性たちに見せたところ、90%以上が、自分のアシスタントがこのスーツを重要な会議に着てきたら不愉快に思うだろうと言いました。何人かの男性は、重要なミーティングには同行させない、とまで言いました。

男性はすべての服を、ビジネス用とビジネス用でない服の2種類に分けます。男性は、ビジネス用の色の服を着ている女性より、ビジネス用でない色の服を着ている女性のほうを軽視します。男性は、ビジネスにはビジネス用の色の服を着るべきだと決めているのです。

男性が、フェミニンな色を着ている女性も有能だと思うようになってきたのは、一部の非常に優秀な女性たちが男性たちを洗脳してきたからにすぎません。女性たちは、たとえば赤茶色やえんじ色のスーツをビジネスウェアとして受け入れられるようにしました。しかし、それでも男性たちはこの2色をグレーやブルー、ベージュほどビジネスに効果的な色だとは思っていません。

ただし、フェミニンな色を着ると、有利なこともあります。それは、相手が男性であれ、女性であれ、相手の心を動かすことができるという点です。とはいえ、有能で知識豊富なプロフェッショナルだと思われるわけではありません。男性にそう思われたいなら、トラディショナルなメンズウェアの色を着ることです。

Mistake 6
カジュアルすぎる服を着る

多くの洗練された女性たちが陥る6番目の落とし穴は、自分は同レベルのポストにある男性の同僚と同じようにカジュアルな服を着てもよいのだ、それでもプロフェッショナルな印象を保つことができるのだ、と考えていることです。

しかし、カジュアルな服装をすれば、男性でも多少権威を失うことになります。

私たちは、中肉中背の男性と女性が、同じ色の似たようなスーツを着ている写真を見せて調査を行いました。女性はスカートスーツ、男性はトラディショナルなメンズスーツでした。私たちはさまざまな業界のビジネスパーソンたちに、写真の女性と男性がどの程度成功していて、どの程度仕事の能力があるか、それぞれ推測してもらいました。

ほとんどの調査で男性のほうが高スコアをあげましたが、その差は非常にわずかなもので、年を追うごとにますます縮まっていました。問題は、その次の結果です。

両方のグループからジャケットを脱がせて、同じように質問していったのです。結果は、男性の楽勝でした。

私がジャケットなしの男性の写真を見せると、どの調査でも80％から90％の人が、その男性はジャケットをどこかに置いてきているだけだ、と推測しました。また、彼は大卒で有能なエグゼクティブか専門職だ、と断言するのです。

一方、私たちがジャケットを着ていない女性の写真を見せると、80％近いビジネスパーソンが彼女はもともとジャケットを着ていなかったのだと思い、彼女のポストとしてエグゼクティブや専門職ではなく、事務員やタイピスト、秘書（アシスタント）などを挙げました。

もしあなたの職場が男性優位の環境で、カジュアルなドレスコードの会社なら、**男性と対等かほぼ対等の威厳を保つには、男性よりコンサバティブな服装をしなければいけません。**

もし職場の雰囲気がとてもリラックスしていて、ジャケットを着るのはかなり難しいだろうと思う場合でも、服装を慎重に選んで、男性の同僚よりコンサバティブに装うことです。これにはちょっとした技術が必要です。詳しくは、CHAPTER6で述べます。

Mistake 7
自分は成功した女性だから、ルールに従う必要はないと思っている

一部のすばらしい成功をおさめた女性たちが、服装で失敗する7番目の理由は、自分は管理職クラスだから好きなものを着てよいと考えていることです。彼女たちは、伝統的なドレスコードを無視する権利を獲得したつもりでいます。カジュアルな服を着ることは、成功者の特権のひとつだと思い込んでいるのです。

男性エグゼクティブを見れば、それが幻想であることがわかります。あなたにとっても、それは幻想だと言っておきましょう。

Mistake 8
中間管理職になる時に役立った服をトップに上るためにも着続ける

女性が失敗する8番目の理由は、中間管理職になる時に役立ったスタイルが、トップに上るためにも有効だと思っていることです。

そんなはずはありません。女性が、自分の行く先を重役室に決めた途端、ルールは変わるのです。

重役室は社会的にも経済的にも高い地位にいる人たちで構成された、一種のビジネスクラブです。

そこに入るためには、そのクラブのユニフォームを着なければなりません。

最も有効なアイテムは、見るからにお金をかけた一流品であることがわかる、コンサバティブでフェミニンな抑えた色のスーツです。

さらに、高価で高級なアクセサリーといっしょにコーディネイトしなければなりません。

中間管理職の間で最も威力を発揮する、トラディショナルで威圧的な服は、経営陣入りを狙う女性にはそれほど効果的ではありません。

男性経営者は、コンサバティブでプロフェッショナルな印象を与える上品な装いの女性に好意的に反応します。

CHAPTER

2

The Jacket

ジャケットのルール

私が最初の『Women's Dress for Success』を書いた時、成功するビジネスウーマンのユニフォームは、スーツでした。ところが、20年近く経った今、その地位は、ジャケットが占めています。

ほとんどのジャケットは、相手が男性であれ女性であれ、着る人がプロフェッショナルであるとアピールします。

オフィスでジャケットを着る習慣のないビジネスウーマンは、万一の場合にさっと羽織れるように、1着ロッカーに常備しておくべきでしょう。

25人ほどの成功した女性たちが、ほぼ同じような内容の話をしてくれました。ビジネスにふさわしくない服装で出勤してしまったある日、突然、ある会議に出席しなければならなくなります。そして、それが自分の人生で最も重要な会議であることがわかる、というストーリーです。

幸い、彼女たちは上から羽織るジャケットを、オフィスに用意していました。ジャケットがなかったらとんでもない結果になっていただろう、と今も彼女たちは思っています。

ジャケットは今や、ビジネスウーマンにとっての救命道具ならぬ、救キャリア道具なのです。

最も効果的なジャケットは、ウエストから25センチほどの丈の決してセクシーには見えないタイプのもの。

まじめなデザインであればこそ、まじめな印象を与えられます。色でも、スタイルでも、アクセサリーでも、このまじめな印象を損なうものはビジネスに効果的ではありません。

The Jacket

なぜジャケットを着るべきか? 5つの事実

Fact 1
過半数の女性が、重要な会議に、スーツではなくジャケットで臨む

ビジネスマンが女性のジャケットを男性のスーツに代わるものとして受け入れていることがわかって、私は最もよく目にする色や形のジャケットの効果について研究を始めました。

1989年の9月と10月の調査で初めて、ほぼ全員が、正統派のコンサバティブなコーディネイトにジャケットを合わせた女性たちを、ビジネスにふさわしい装いをしている、と考えているという結果が出ました。巻末の「Dress for Success Diary」がこの発見の裏付けになりました。

ビジネスで成功を手にした、洗練された女性の多くが、それまで重要な会議にはスーツしか着なかったのに、ジャケットとスカート、ジャケットとワンピース、というようなジャケットのコーディネイトをするようになってきたことがわかったのです。

その年の12月までに、63%の管理職とエグゼクティブが、重要な会議に出席する際にはジャケットのコーディネイトで臨むようになりました。

Fact 2
ジャケットを着ただけでプロフェッショナルに見える

1970年代の初めに私が最初の調査を行った時、女性はトラディショナルなメンズウェアの色や柄を受け継いだ、テーラードジャケットとスカートのコンサバティブなスーツを着ていても、まともに扱ってもらえませんでした。ましてやジャケットは、スーツを着た人と張り合えるほども、威厳や信頼感をもたらしてはくれませんでした。

しかし今や、ジャケットはアメリカのビジネスウーマンを象徴するアイテムです。女性にとってジャケットは、男性にとってのスーツと同じ役割を果たしています。着ている人をパワフルで威厳のある、未知の能力を秘めたまじめなキャリアウーマンに見せてくれるのです。

私たちの最近の調査では、93％のビジネスマン、94％のビジネスウーマンが、「ジャケットを着ている女性は、ほかにどんなアイテムを身につけていようと、ジャケットを着ていない女性より上のポストにいる」と判断することがわかっています。コンサバティブであろうがビジネスライクであろうが、他のどんなアイテムも、ジャケットほど着ている人を有能なプロフェッショナルに見せることはできません。

最もコンサバティブでビジネスにふさわしい印象を与えるワンピースを着た女性でも、初対面の場合、たった40％のビジネスパーソンにしかプロフェッショナルとして見てもらえませんが、同じワンピースの上にジャケットを羽織ると、パワフルで堂々とした、能力を秘めた女性だと思ってくれるビジネスパーソンの数は2倍になります。

とはいえ、すべてのジャケットがビジネスに効果的なわけではありませんし、ジャケットによって、またコーディネイトによっても効果の度合いは違います。

どんなジャケットであろうと、ワンピースやスカートとブラウスの上に羽織れば、ジャケットなしよりもパワフルで有能な女性に見えますが、どんなジャケットでも、スーツを着た男性や女性、強い威力を持つジャケットを着ている女性と対等の立場に立てるというわけではありません。慎重に選ばなければなりません。

Fact 3 ジャケットを着ただけで地位が高く見える

ジャケットを着ることの効果を確かめるために、複数のクライアントのオフィスで次のような実験をしました。

①ワンピースを着ている女性たち、②スカートとブラウスのコーディネイトの女性たち、③パンツとブラウスのコーディネイトの女性たちをそれぞれランチタイムの間、自分が働いている部署とは違う部署へ行ってもらい（あらかじめ、それらの部署の管理職が席をはずしていることを確認しておきます）、デスクに残っている従業員に、「緊急の案件が発生したので、協力してください」と、すぐに資料を出してもらうように頼みます。そして、「自分の部署に戻るので、手に入ったらすぐに私に送ってください」と言うのです。

同じ女性が、今度は上にジャケットを羽織って別の部署に行き、同じことをしました。

依頼する仕事は、30分でこなせる程度のことで、依頼される従業員にとって道理にかなった内容であるように、あらかじめ各部署の管理職と相談の上、決めておきました。

調査は、1年半かけて、23の企業、167人の女性たちの協力で行われました。相手の従業員が男性だったケースは、約半分でした。

この結果、依頼した資料は、ジャケットを着た女性のもとに32%早く届けられました。すべてのグループで、ジャケットを羽織ると従業員が協力的になる率は高まりましたが、40歳以上の女性、大柄な女性、コンサバティブなワンピースを着た女性の場合にはほとんど変化はありませんでした。

ジャケットが最も威力を発揮したのは、若い女性、小柄な女性、セクシーな女性、カジュアルな服装をした女性、パンツスタイルの女性でした。

後で、仕事を頼まれた従業員に質問したところ、61％の従業員が、ジャケットを着た女性たちを自分より上のポジション、自分より高い給料をもらっている人たちだと思ったそうです。ジャケットを着ていない女性たちを、そのように決めつけることはありませんでした。

この調査や、これと同じような研究によって、非常に多くの場合、ビジネスウーマンは、ジャケットを羽織るとたちどころに、威厳とステイタスを身につけ、何かを成し遂げる能力まで手に入れる、ということがわかりました。

Fact 4 ジャケットの色やデザインによって与える印象が異なる

ジャケットが女性たちのビジネスのユニフォームとして使われていることを確信

した私は、すぐに自分の発見が正しいことを証明しなければ、と考えました。

そこで、まず、6種類の異なるスーツや異なるジャケットを着た女性たちの写真やビデオを集め、2枚ずつペアにして比較検証することにしました。

回答者に、写真の女性は2人とも弁護士、営業職、販売職、管理職などであると説明し、どちらのほうが有能でキャリアに熱心であると思うか、などの質問をしたのです。

写真は同じ女性が異なる服装をしているものですから、回答が統計的にきちんとしたものである限り、女性がどのような人か判断する大きな材料は、着ているジャケットに限られると推測したのです。

その結果、ジャケットの効果は、その色やデザイン、着ている女性、その時の状況によって異なることがわかりました。

たとえば、女性がアースカラー（赤みがかった茶系の色）のジャケットを着ている時、ほとんどの人は彼女を親しみやすく、協力的でいっしょに仕事をしやすいと見なします。

しかし、女性がネイビーやグレーのジャケットを着ている時は、ほとんどの人は彼女を、アースカラーのジャケットを着ている時よりももっと権威のある、プロフェッショナルな人間と見なすのです。

女性も男性も、ネイビーやグレーのジャケットを着た人をプロフェッショナルだと感じます。これは別に、不思議なことではありません。ネイビーやグレーのスーツを着た男性たちが、ネイビーやグレーを着た人は権威ある人物だと自動的に思うように、私たちを洗脳してきたからです。

さらに、その後のより詳細な調査から、私たちはジャケット全般に通用する原則を見つけることができました。

たとえば、女性が暗めの色のジャケットを着ている時は堂々とした威厳のある印象を与えますが、明るめの色のジャケットを着ている時は威圧感がなく、好感を持たれる、などということです。

Fact 5 タイプや職場によって効果的なジャケットは異なる

1990年に黒いジャケットの女性の写真を男性たちに見せた時、4分の3がその女性たちには興味がないと言いました。

ところが、その年の「Dress for Success Diary」をこの調査結果の裏付けとして使おうとした時、81％の女性たちが、黒いジャケットを着ていると男性からよい扱いを受ける、と報告していることに気づいたのです。

そこで、黒いジャケットを着ている女性のビデオをフォーカスグループ・インタビューで見せると、その理由がわかりました。

大多数の男性が、写真で見る黒いジャケットを着た女性には興味がないようでしたが、ビデオで動く女性の姿を見た時、その女性の仕草や声、応対が女性らしい場合に限り、あっという間に態度を変えたのです。

黒いジャケットを避けたほうがいいのは、人当たりが厳しく男性的に見える女性たちだけです。

ほかにも、たとえば、小柄な女性が明るい赤のジャケットにグレーのスカート、白のブラウスを着ると、無地のグレーのスーツを着た時よりも強い印象を与えるということも発見しました。

赤いジャケットは鮮やかで着る人に注目を集めるため、存在感を出すには最も効果的です。赤は強い色ですから、着ている女性がパワーダウンして見えることはありません。

しかし、同じ明るい赤のジャケットをかなり長身の女性が着ると、ほとんどの男性が不快になるでしょう。パワフルになりすぎて強引な印象を与え、男性に嫌われてしまうのです。

また、別の調査では、女性管理職がたくさんいる企業では、スカートとジャケットをコーディネイトしている女性のほうが、スーツを着た女性たちよりも早く昇進していることを発見しました。

逆に、スーツを着た女性たちが多い企業、非常に保守的な企業では、スーツ組はジャケット組よりも有利でした。

The Jacket

成功のためのカラー別ジャケット・コーディネイトのルール

Navy blue
ネイビーのジャケット

Message

信頼感 ＋ 親しみやすさ ＋ 謙虚さ ＋ 威厳

CHAPTER 2
The Jacket
ジャケットのルール

もしあなたが1着だけジャケットを持つとしたら、ネイビーを選ぶべきです。大切なクライアントや上司がやって来た時にぱっと羽織れるジャケットを用意するなら、ネイビーが最善の選択です。

ネイビーは親しみやすく謙虚な印象を与えますが、一方で黒と同じくらい堂々とした威厳を感じさせる色なのです。

ネイビーのブレザーは、どんなアイテムとも合わせやすく、ビジネスに威力を発揮します。

黒いジャケットと違って、かなり明るい色のブラウスやワンピースの上に着ても、ビジネスウェアとして不適切な印象を与えることはありません。

どんな派手なアイテムと組み合わせても、装い全体をビジネスにふさわしく変えてくれるのです。

スカート＋ブラウスを合わせるなら

●暗い色のスカートやブラウスとコーディネイトすると、高圧的な印象を与える恐れがあります。

●ベージュ、またはライトグレーのスカートとライトブルーのブラウスとコーディネイトすると、育ちのよい人物に見られます。由緒正しく信頼できる印象を与える、品のよいカラーコーディネイトなのです。この時、スカートをミディアムグレーかダークグレーにすると、気品は多少落ちますが堂々とした印象は増します。

●検証の結果、ネイビーのジャケットに合わせるスカートは、効果的な順に、**グレーがかったベージュ**、**ミディアムグレー**、**チャコールグレー**、**ミディアムブルー**、**ライトグレー**、**ベージュ**、**キャメル**、**青みがかったグレー**でした。

●合わせるブラウスは、**白**、**ペールブルー**、**ベージュ**、**えび茶**、**ドビー織りの白**、**レンガ色**、**生成り**、**ブルーの霜降り**、**ペールピンク**、**ライトグレー**、**赤**がよいでしょう。

ネイビージャケット × スカート × ブラウス
のコーディネイト例

ワンピースを合わせるなら

●ワンピースを合わせるなら、**ベージュ、わずかにグレーがかったベージュ、ペールブルー、ミディアムブルー、ライトグレー、ミディアムグレー、ペールイエロー、ペールピンク、えび茶、レンガ色、赤**が効果的です。

親しみやすさが欲しいときは明るいネイビー

●同僚や上司、顧客に協力を仰がなければならない時、理想的なのは、明るめのネイビーのジャケットです。濃いブルーから淡いブルーまで、さまざまなブルーを検証した結果、最も効果的であることがわかりました。ネイビーより親しみやすく、ネイビーと同じくらい堂々として信頼できる人物に見えます。

●濃いネイビーのジャケットと同様、ほとんどの色と合います。最も効果的なコーディネイトは、ネイビーの場合と変わりません。

ネイビージャケット×ワンピース
のコーディネート例

Black
黒のジャケット

Message

威圧感

黒いジャケットは、威圧感を与えて相手を委縮させたり、自分の強みを見せつけたりするのに役立つアイテムです。

ですから、普通女性には黒いジャケットはお勧めしません。

ただし、あなたが目立たない小柄な女性で、もっとまわりの人の目を引きつけたい、と思っているなら、黒いジャケットの下に明るい色のブラウスやワンピースを合わせてもよいでしょう。

存在感が高まり、ブラウスよりも着ているあなた自身に注目が集まります。

また、フェミニンでかわいらしいワンピースやスカートを着てきたら、オフィスで浮いていることに気づいた――そんな時は黒いジャケットを羽織るとよいでしょう。また、意図的に相手に威圧感を与えたい場合にも効果的です。

●ただし、黒い無地のジャケットの下に、黒い無地のブラウスやワンピースを合わせてはいけません。凹凸のある素材のものか、細かいプリントのあるものにしてください。

●黒いジャケットでも、光沢のある素材を使ったものや目立つボタンがついたもの、ベルベットの襟やパフスリーブなど遊びっぽいアクセントのあるものは避けてください。こうした遊びのあるテイストが、黒いジャケットをオフィスにふさわしくない、ドレッシーな夜の装いに変えてしまうことがよくあるのです。

コーディネイトのポイント

●黒いジャケットを効果的なビジネスウェアにする最良のコーディネイト方法は、**スカートとのコントラストを弱く、ブラウスとのコントラストを強く**することです。

黒のジャケットに白のスカートを合わせてはいけない

●ピンクやローズ、ブライトイエロー、純白など明るい色のスカートを合わせた場合、黒いジャケットは派手さを抑え、コーディネイト全体にまじめな印象をプラスしてくれますが、それでもビジネスウェアとしての効果は今ひとつです。
ビジネスにふさわしくない明るい色合いをかえって目立たせてしまう可能性もあるのです。

●実際、白いスカートと黒いジャケットのコーディネイトはファッションとしては美しく魅力的ですが、男性はあなたをまともなビジネスパーソンとして扱ってくれないでしょう。

大多数の男性にとって、黒いジャケットと白いスカートを身につけた女性は、センスがよくておしゃれではありますが、ビジネスのプロフェッショナルではないのです。

ブラウス＋スカートを合わせるなら

●合わせるスカートの色を効果的な順に挙げると、**ミディアムグレー、ライトグレー、ワイン色、レンガ色、えび茶、グレーベージュ、チャコールグレー、ミディアムブルー、パウダーブルー**。

●同じく合わせるブラウスを効果的な順に挙げると、**白、オフホワイト、ペールブルー、ベージュ、ペールピンク、赤、グレーがかった白、ライトグレー、ブルーの霜降り**（メンズのシャツ用素材の一種で、ブルーに白い糸が織り込まれているものが一般的）。

ワンピースを合わせるなら

●効果的な順に、**グレーベージュ、ライトグレー、ペールブルー、ミディアムグレー、グレーがかった白、そしてえび茶**です。

ジャケットとのコントラストははっきりと、しかし強くなりすぎないように注意してください。

White

白のジャケット

Message

ビジネスには向きません

白いジャケットが成功するビジネスウェアとして通用するのは、夏の間か、アメリカのサンベルト地帯やカリフォルニアなど、冬にも白が好まれる地域だけです。すでに持っているなら仕方ありませんが、これからジャケットを買うなら白はやめておきましょう。ベージュのほうが、はるかに賢い選択です。

白いジャケットの長所はたったひとつ、ほとんど何にでも合う、という点だけです。

白いジャケットを最も効果的に活用するには、スカートとのコントラストを強く、ブラウスとのコントラストを弱くしてください。

Light Blue
ライトブルーのジャケット

Message
ビジネスには向きません

白と同様、温暖な気候下以外には不向きです。それでも着るなら、暗めの色のスカートやワンピース、コントラストの強いブラウスと組み合わせます。部下に指示を与える時や、自分の権威を見せつけなければならない時はやめておきましょう。

コーディネイトのポイント

●組み合わせとして、よい調査結果をあげたスカートは、**ネイビー**、**ミディアムブルー**、**チャコールグレー**、**えび茶**、**ダークブルーグレー**です。
●ブラウスは、効果的な順に、**グレーがかったベージュ**、**レンガ色**、**えび茶**。
●ワンピースは、**レンガ色**、**えび茶**、**ダークグレー**、**ダークブルーグレー**が効果的。

Medium Blue
ミディアムブルーのジャケット
Message
親しみやすさ＋プロフェッショナル＋権力はない

ほとんどの女性がブルーをパワーのある色だと思っていますが、ミディアムブルーはまったく違います。

ミディアムブルーのジャケットは、親しみやすく、かつプロフェッショナルな印象を与えますが、男性に対して威厳を感じさせることはできません。

つまり、相手が男女どちらであっても、セールスをする場合は効果的なジャケットですが、誰かと議論を戦わせたり、駆け引きをしたりする場合には、たいした効果はありません。逆に、自分の提案に賛成してもらうように、同僚を説得しなければならない時には、うってつけです。

同様の理由で、ビジネスマンにインタビューする女性レポーターには最高の色です。自分が彼と同じようなビジネスパーソンであることを、威圧感を与えることなく訴えかけられるからです。

要するに、毎日着られるジャケットですし、誰からも協力を得ることができますが、特別パワフルなジャケットではないということです。

コーディネイトのポイント

●ミディアムブルーのジャケットと組み合わせた時、最も効果的なスカートは、**ベージュ、ダークグレー、ミディアムグレー、グレーベージュ、キャメル、ジャケットとは異なるトーンのミディアムブルー、そしてチャコールグレー**です。**ネイビー**も同様に効果的です。

●合わせるブラウスは、効果的な順に、**白、ペールブルー、ブルーの霜降り、グレーベージュ、レンガ色、ペールイエロー、えび茶、赤、そして生成り**です。

●ワンピースなら、**ベージュ、レンガ色、えび茶、ミディアムグレー、ライトグレー、グレーがかったベージュ、赤、生成り、ペールイエロー**が最も効果的。

Gray
グレーのジャケット

Message

スーツならよいが、ジャケットだけで着てはいけません

ほとんどの女性には、グレーのジャケットはお勧めしません。

グレーのジャケットを着た女性の写真を見せて調査したところ、ほとんどの回答者はその女性がスーツの上着だけ着てきたのだと思い、おしゃれが下手だと決めつけました。

スーツの上着だけを他のアイテムとコーディネイトするのは別にグレーに限ったことではありませんが、なぜかグレーの場合だけ効果的ではないのです。

さらに、ほとんどのグレーのジャケットは、女性の魅力を損ないます。やつれた、元気のない印象に見える女性が多いのです。理由はいくつかありますが、同じように濃いグレーでも、スーツならそんな心配はありません。

もし、どうしてもグレーのジャケットを着たいのなら、ミディアムグレーを選びましょう。ダークグレーとライトグレーを選んではいけません。とはいえ、多くの女性がグレーのジャケットを持っていますから、合わせられる色をリストアップしました。

ダークグレーのジャケット

● スカートは、効果的な順に、**ミディアムブルー、ライトブルー、グレーがかったベージュ、茶色がかったグレー**。

● ブラウスは、**白、ライトブルー、サーモン、カーキ、グレーがかった白、アイボリー**。

● ワンピースなら、**ライトブルー、カーキ、アイボリー、レンガ色やえび茶色**。

ミディアムグレーのジャケット

●合わせるスカートを効果的な順に挙げると、**チャコールグレー**、**ネイビー**、**グレーがかったベージュ**、**茶色がかったグレー**、**黒**、**深い色合いのえび茶**になります。

●ブラウスは**白**、**ライトブルー**、**グレーがかった白**、**アイボリー**、**えび茶**、**赤**、**サーモン**など。

Light Gray
ライトグレーのジャケット

Message

スーツならよいが、
ジャケットだけで着てはいけません

ほとんどのビジネスウーマンは、ライトグレーのジャケットを着るべきではありません。

皮肉なことに、同じライトグレーでもスーツなら着る人を生まれ育ちのよい人間に見せてくれることがわかっていますから、弁護士には陪審員の前で着ないようにアドバイスするほどなのですが、反対にジャケットになると恵まれない環境で育ったような印象を与えるのです。

スカートが黒であろうと、他の色であろうと、ライトグレーのジャケットはビジネスには効果的ではありません。

特にあなたが色白の場合はやめておきましょう。肌の色が濃い女性はまだましですが、もっと効果的なジャケットがたくさんありますから、そちらを選んだほうがよいでしょう。

Gray Beige
グレーベージュのジャケット

Message
有能 + プロフェッショナル + 育ちがよい + 親切

1枚だけサマージャケットや明るい色のジャケットを持つなら、この色が絶対お勧めです。上質でありさえすれば、有能で育ちもよく、親切な女性であることをあらゆる人にアピールできます。好感度が高く営業の仕事にも効果的です。

コーディネイトのしやすさも抜群。合わない色はないと言ってもいいでしょう。

あえて言うなら、スカートは、**ネイビー**、**ミディアムブルー**、**ダークグレー**、黒、**ミディアムグレー**、**えび茶**、**ワイン色**、**ダークブラウン**、**グレーがかったブラウン**。

ブラウスは、**ペールブルー**、**ブルーの霜降り**、**レンガ色**、**えび茶**、**赤**、**生成り**、**ライトブルー**になります。

グレーベージュのジャケット×ブラウス×スカート
のコーディネイト例

Brown
茶色のジャケット

Message

リラックス＋信頼感

茶色のジャケットなら、ミディアムブラウンがお勧めです。まわりによい印象を与え、親しみやすく、うまくいっしょに仕事を進めていけるタイプの女性に見せてくれます。

このジャケットは、相手に「リラックスして、私を信じてください」というメッセージを発信するため、ソーシャルワーカー、カウンセラー、心理学者や精神科医など、人を助ける職業の女性にお勧め。レポーターや政府高官にも適します。

反対に、セールスウーマンや管理職の女性にはあまり効果的ではありません。

● 合わせるべきスカートは、**ダークブラウン**、**カーキ**、**ベージュ**です。同じくらいの濃さの**ミディアムブルー**も効果的。

●ブラウスは、**ペールブルー、ブルーの霜降り、生成り、オフホワイト、カーキ、ベージュ、ペールイエロー**。

特にブルーのブラウスとのコーディネイトは、カウンセラーの女性にとって最も効果的です。

ただし、同じ茶色でも、濃い焦げ茶のジャケットになると、効果的なジャケットだとは言えなくなります。もしすでに持っているのなら、**ベージュ、カーキ、茶色がかったグレーのスカート**と合わせるのが最も無難でしょう。

比較的効果的なブラウスは、**生成り、白、ペールブルー、ペールイエロー**です。ワンピースなら、**ベージュ、茶色がかったグレー、ペールブルー、ペールイエロー**を合わせましょう。

えび茶やレンガ色のジャケットについては、特定のスカートやブラウスを勧められるほど、標準化できる調査結果を得られませんでした。もし合わせにくい色のスカートやブラウスを持っているのなら、えび茶のジャケットは買わないほうがよいでしょう。

Red

赤いジャケット

Message

ナンシー・レーガン以前＝勘違い
ナンシー・レーガン以降＝権力

私は、赤いジャケットは最も興味深いジャケットだと思っています。

もともと、赤のジャケットの調査結果は決してよくありませんでしたが、ナンシー・レーガンが夫のレーガン大統領の就任式に赤いスーツを着てから、赤は大人気を博すようになりました。

そして、クリントン一家のホワイトハウス入りまで、多くの新政権の女性が議会で赤いジャケットを着ました。

それまで、仕事で赤を着る女性は、多くの男性から馬鹿にされていたのに、ナンシー・レーガン以降、たくさんの優秀な女性たちが赤いジャケットを着たという事実が、赤いジャケットを権威的で効果的なアイテムに変えたのです。結果的に、男性も馬鹿にした反応をしなくなりました。

コーディネイトのポイント

● 赤いジャケットと合わせた時、効果的なスカートは、**黒**、**ダークグレー**、**ミディアムグレー**、**ネイビー**の4色だけです。

● **白**、**ペールブルー**、**黒**、**ミディアムブルー**、**ダークグレー**、**ミディアムグレー**、**ライトブルー**、**青みがかったグレー**のブラウスは、効果的なだけでなく、赤いジャケットを落ち着いた色合いに見せてくれます。

Other Jackets
その他のジャケット

ツイードのジャケット

ツイードジャケットは、有能で親しみやすく、生まれ育ちのよい人間だという印象を与えるすばらしいジャケットです。欠点はひとつだけ。男性に接する時、特に威厳を感じさせるものではないという点です。男性を相手に真剣な駆け引きをする時、男性と戦わなければならない時には、ツイードのジャケットは避けましょう。

● ブルー、グレー、ブルーグレー、ミディアムブラウンが一般的ですが、このうち、最も調査結果がよかったのは、ミディアムブルーからダークブルー、ミディアムグレーからダークグレーまでの濃い色合いのツイードでした。

深緑のジャケット

緑のジャケットのうち効果的なのは、深緑のジャケットだけ。明るめのグリーンの場合、約半数の女性たちが、病弱で精気のない、とっつきにくい人に見られてしまうという結果が出ました。しかし、一言で深緑と言ってもいろいろなトーンがあり、それぞれ違う色のスカートやブラウスに合わせなければならないのが問題です。

フェミニンな色のジャケット

トラディショナルなメンズウェアによくある色のジャケットのほうが調査結果は良好ですが、女性が着られる色はほかにもたくさんあります。

●**ペールイエロー、ペールグリーン、クリーミーベージュ**のジャケットも調査結果はまずまずでしたが、威厳はまったく感じさせられません。

●赤褐色や赤紫などフェミニンな色でも抑えた色合いなら通常ビジネスに効果的ですが、トラディショナルな色ほどではなかったので、大規模な調査を行うことはやめました。

Fabric
成功するジャケットの素材

ジャケットは、ウールかウールに見える素材のものを選んでください。シルクでも、ビジネスにすばらしい効果をあげるジャケットがたくさん見つかるはずです。女性のジャケットは、素材が上質に見えれば、ほぼ何でも効果的なのです。

しかし、素材や仕上げのディテールが安っぽく見えてしまうと、せっかくのプラスの印象も台無しになってしまいます。

一目見ただけでポリエステルだとわかるジャケットを着たら最後、あなたは安っぽい田舎者に見られてしまうのです。

CHAPTER 2
The Jacket
ジャケットのルール

生まれつき堂々とした印象の大柄の女性や背の高いスリムな女性なら、上質なソフトジャケットでも大丈夫でしょう。

しかし、シワのあるジャケットは、スタイリッシュに見えるものでなければビジネスには向きません。しわくちゃでだらしなく見えるジャケットは、プロフェッショナルとしてのイメージを台無しにしてしまいます。

だからこそ私は、麻のジャケットはやめたほうがよい、とはっきりアドバイスするのです。

麻のジャケットは、袖を通して数時間後には、一晩寝た後のベッドシーツのようになってしまいます。

The Jacket
ジャケット・コーディネイト失敗のルール

Mistake 1
暗い色のワンピースの上に明るい色のジャケットを着る

ワンピースの上にジャケットを羽織ると、堂々とした威厳を感じさせるコーディネイトになりますが、コンサバティブで威厳を感じさせる暗い色のワンピースの上に明るい色のジャケットを着た時だけは、このルールは当てはまりません。

パステルカラーのジャケットや、非常にフェミニンなデザインのジャケットは、コンサバティブなワンピースの効果を弱めてしまいます。

Mistake 2
紫、マスタード、ゴールドのジャケットを着る

紫やマスタード、ゴールドのジャケットはとても人気がありますが、着こなしが非常に難しいのでお勧めできません。

抑えたトーンの赤紫や、パープルがかったネイビーのジャケットなら大丈夫です

が、パープルそのものはやめておきましょう。抑えたトーンであっても、スーツとしては効果的ですが、単独のジャケットとしては効果なしです。
マスタードやゴールドのジャケットも、仕事では絶対に着ないことです。

Mistake 3 単品で着たほうがよいジャケットをスーツとして着る

スーツを買う時、忘れないでいただきたいのは、スーツのジャケットは単品でも着られるので、2つの機能を果たすということです。もちろん、単品で着られないジャケットのスーツを選んでもかまいませんが、2通りに着られるスーツを買うほうがよいということを理解しておいてください。

たとえば、明るい赤やオレンジ、赤紫など派手な色のジャケットは、コンサバティブなスカートや暗い色のブラウスと合わせるとよい印象を与えます。しかしおそろいのスカートと合わせた場合は、強すぎて攻撃的な印象を与えるため、ビジネスに効果的ではありません。

Mistake 4 単品では着るべきではないスーツのジャケットを着る

おそろいのスカートと合わせればとても効果的なのに、単品で着るとまったく効果的でないジャケットがたくさんあります。最も顕著な例が、パステルカラーのジャケットです。

ペールイエロー、ペールグリーン、クリーミーベージュのスーツを着た女性は、ほとんどの企業で98%の女性と大多数の男性に有能なプロフェッショナルとして尊敬されるという結果が出ていますが、ジャケットだけで着ると、途端に威厳を失います。

強い印象を与える柄のスーツ、たとえばチョークストライプ、大きなヘリンボーン、はっきりした格子柄など珍しいデザインのものは、強いプラスの印象を与えますが、これらのジャケットをおそろいでないスカートやワンピースの上に着た場合、大多数のケースで強いマイナスの印象を与えてしまいます。

同じことがショートジャケットやパフスリーブのジャケットにも言えます。同じジャケットでもスーツとして着れば、プロフェッショナルな印象を与えます。トラディショナルなスーツを着た女性ほどではありませんが、そこそこ有能な印象を与えられるでしょう。

ところがこれを、コントラストの強いスカートとコーディネイトした場合、多くの男性や女性から、無能な二流の人間だと思われてしまうでしょう。

color coordinate

カラーコーディネート

CHAPTER2に登場した
各ジャケットスタイルに合う
カラーコーディネートをご紹介します。

navy

1 ネイビーのジャケット(p.70~)+ブラウス+スカート

ジャケット									
＋ブラウス	白	ペールブルー	ベージュ	えび茶	レンガ色	生成り	ペールピンク	ライトグレー	赤

＋スカート	グレーベージュ	ミディアムグレー	チャコールグレー	ミディアムブルー	ライトグレー	ベージュ	キャメル	青みがかったグレー

navy

2 ネイビーのジャケット(p.72~)+ワンピース

ジャケット											
＋ワンピース	ベージュ	グレーベージュ	ペールブルー	ミディアムブルー	ライトグレー	ミディアムグレー	ペールイエロー	ペールピンク	えび茶	レンガ色	赤

black

3 黒のジャケット(p.77~)+ブラウス+スカート

ジャケット + ブラウス + スカート

ブラウス							
白	オフホワイト	ペールブルー	ベージュ	ペールピンク	赤	グレーがかった白	ライトグレー

スカート								
ミディアムグレー	ライトグレー	ワイン色	レンガ色	えび茶	グレーベージュ	チャコールグレー	ミディアムブルー	パウダーブルー

black

4 黒のジャケット(p.77~)+ワンピース

ジャケット + ワンピース

ワンピース					
グレーベージュ	ライトグレー	ペールブルー	ミディアムグレー	グレーがかった白	えび茶

medium blue

5 ミディアムブルーのジャケット(p.81~)
+ブラウス+スカート

ジャケット								
+ブラウス	白	ペールブルー	グレーベージュ	レンガ色	ペールイエロー	えび茶	赤	生成り
+スカート	ベージュ	ダークグレー	ミディアムグレー	グレーベージュ	キャメル	ミディアムブルー	チャコールグレー	ネイビー

gray beige

6 グレーベージュジャケット(p.86~)
ブラウス+スカート

ジャケット						
+ブラウス	ペールブルー	レンガ色	えび茶	赤	生成り	ライトブルー

+スカート	ネイビー	ミディアムブルー	ダークグレー	黒	ミディアムグレー	えび茶	ワイン色	ダークブラウン	グレーがかったブラウン

brown

7 茶色のジャケット(p.88~)+ブラウス+スカート

ジャケット

+ ブラウス

ペールブルー	生成り	オフホワイト	カーキ	ベージュ	ペールイエロー

+ スカート

ダークブラウン	カーキ	ベージュ	ミディアムブルー

red

8 赤いジャケット(p.91~)+ブラウス+スカート

ジャケット

+ ブラウス

白	ペールブルー	黒	ミディアムブルー	ダークグレー	ミディアムグレー	ライトブルー	青みがかったグレー

+ スカート

黒	ダークグレー	ミディアムグレー	ネイビー

CHAPTER

3

The Suit

スーツのルール

ファッション業界はコンサバティブなビジネススーツを抹殺しようとしていますが、今もビジネススーツは、多くのビジネスウーマンのワードローブにおいて中心的な存在です。

ヒラリー・クリントンがバリバリのキャリアウーマンとして初めてファーストレディになって以来、スーツ人気は再燃したと思われていますが、実はそれ以前、1989年頃、ビジネススーツの人気がどん底に落ち込んでいた頃も、成功した女性たちは実は、ジャケットではなく、スーツを着ていました。

当時、スーツ嫌いだと言う463人の成功したビジネスウーマンたちに「人生でいちばん重大な会議に出席する時、何を着ますか」と尋ねたところ、57%が「スーツ」と答えました。

なぜスーツを選ぶのかと聞くと、圧倒的多数が「ビジネスに効果的だから」と言ったのです。

多くのビジネスウーマンは、スーツをクローゼットの奥にしまい込んだりせずに、いざという時にはすぐ取り出せるようにしています。

私たちが調査した1212人の女性管理職のうち63％は、少なくとも週1回、スーツを着ると言っていました。

実際、私は、何千人もの女性たちから、スーツを着るようになるまではまともに扱ってもらえず、昇進も、大きな仕事を任されるチャンスも与えられなかったのに、スーツを着るようになった途端すべてが変わった、という話を聞いてきました。

その多くが、それまでスーツの効果を信じていなかった女性たちでした。彼女たちにとってもスーツは効果的だったというわけです。

The Suit
ビジネスにふさわしい5つのスーツ

ジャケット選びでは、色が重要でしたが、スーツの場合は、色も含めた全体的な「スタイル」が重要になってきます。

ジャケットではビジネスにそぐわなかった色でも、スーツとなると、まったく違う印象を与えることもあります。

コーディネイトは難しくありませんが、どういうスタイルのスーツを選ぶかには、そのスーツの発するメッセージに対する理解が必要です。

CHAPTER 3
The Suit
スーツのルール

現在ビジネスウーマンのワードローブに含まれているスーツは、デザインも色もさまざまですが、大きく次の5つのタイプに分けることができます。

1 トラディショナル・ビジネス・サクセス
2 アグレッシブ・フェミニン
3 コンサバティブ・フェミニン
4 スタイリッシュ・プロフェッショナル
5 ソフト・フェミニン

では、順に見ていきましょう。

Style 1
トラディショナル・ビジネス・サクセス

Message
威厳 ＋ プロフェッショナル ＋ コンサバティブ

メンズスーツの色やベーシックなデザインをお手本にして作られたトラッドなスーツです。このタイプのスーツは、さらに2種類に分けられます。ひとつはメンズのジャケットにそっくりなジャケットのスーツ、もうひとつは同じ形でラペル（下襟）のないジャケットのスーツです。

前者は男性に対して、後者は男性にも女性にも同じように効果的ですが、どちらも着る人に威厳を与えます。

特に、ネイビーやミディアムグレーのラペルなしジャケットのスーツは、面接の時や転職先へ出社する初日など、初対面の人と会う場合に理想的なスーツです。

トラディショナル・ビジネス・サクセスのパンツスタイルのコーディネイト例

男性優位の職場や中高年男性上司のいる職場、保守的な社風の職場に効果的

私たちの調査結果によると、エグゼクティブの男性、特に50歳以上のエグゼクティブの男性は、ブルーやグレー、ベージュのトラディショナルなスーツに身を包んだ女性は有能で信頼できる、と思うことが多いようです。実際、55歳以上のほとんどの男性は、ラペルのないスーツを着ている女性より、ラペルのあるスーツを着ている女性のほうが信頼できると答えました。

ラペルがあろうがなかろうが、トラディショナルなスーツをお勧めする主な理由は、それを着れば威厳に満ちた、プロフェッショナルらしい女性へとイメージアップできるからです。就職の面接や初対面の人と仕事をする時に、最も効果的です。

- 男性優位の職場で働く女性、男性の上司や男性の同僚が自分をフェアに扱ってくれないことを不満に思っている女性に、特にお勧めします。
- トラディショナルなビジネススーツは、非常に保守的な社風の企業やアジア諸国の企業で働く場合にも威力を発揮します。まわりにまともに扱ってもらえない、と思っているなら、このタイプのスーツがきっと役立つはずです。

トラディショナル・ビジネス・サクセスのスーツタイル

のコーディネイト例

Style 2 アグレッシブ・フェミニン

Message フェミニン + アグレッシブ

もともとは女性らしい印象を与えるスーツも、色が鮮やかだったり柄が強烈だったりすれば、アグレッシブに変わります。色は、パープル、赤、ラズベリーなど元気で明るい色。典型的な柄は、派手な格子や幅広のチェック、大柄なヘリンボーン。

このタイプのスーツの成功例は、なんといっても、ヒラリー・クリントンが夫の合衆国大統領就任の日に着ていた大柄のチェックのスーツです。ヒラリーはこのスーツによって、フェミニンでパワフルな女性であることを人々に認めさせました。

しかし、このタイプのスーツは、色の選択をちょっと間違えると、育ちが悪く見えます。したがって、いくら払ってもかまわないという覚悟なしには買ってはいけません。

議員に立候補する女性のユニフォーム？

調査対象の多くの女性が、このタイプのスーツを着ていると自分に自信が持てると言っていました。けれども、実は、「アグレッシブ・フェミニン」スーツは、仕事の相手が男性でも女性でも、特に効果的なわけではありません。「アグレッシブ・フェミニン」のスーツをお勧めできるのは、議員や公職に立候補する女性たちと、小柄な女性と、圧倒的に女性の多い職場で働く女性の3タイプだけです。

赤なら、パワフルなセックスアピールを伝える

このタイプのスーツのうち、特に赤のスーツには気をつけなければなりません。多くの女性はわかっていませんが、赤いスーツを着た時に自分がパワフルになったように感じるのは、赤がセクシーな力を持つ色で、男性を惹きつけ、操るパワーを与えてくれるからです。セックスアピールを仕事の武器にする気がないのなら、赤いスーツは効果的ではありません。

Style 3 コンサバティブ・フェミニン

Message
フェミニン ＋ パワフル

多くのパワフルな女性たちのお気に入りのスーツ。

カッティングは、あくまでコンサバティブながら、赤茶色、深い青紫、深いえび茶など、メンズのスーツにはない色のものがこれに当たります。

形は、「アグレッシブ・フェミニン」とほぼ同じタイプのものだと考えてください。

強烈な色柄ではないところが、「アグレッシブ・フェミニン」との違いです。

このタイプのスーツは、女性らしくかつパワフルな印象を与えてくれます。

コンサバティブ・フェミニン
のコーディネイト例

上質に見えれば
トップクラスの人との面談にも効果的

「コンサバティブ・フェミニン」のスーツは実際に上質なものが多いのですが、少なくとも上質に見えさえすれば、最もパワフルな男性や女性を相手にする時も威力を発揮します。

相手がわからない時は、このスタイルを！

重要な会議や面接に臨む時や、その日の仕事相手が男性か女性か事前にわかっていない時は、このタイプのスーツで出かけましょう。ほぼ誰にでも、プラスの印象を与えることができます。

女性は皆、仕事用のワードローブの中に1着か2着、このタイプのスーツを持つべきです。1着だけスーツを持つならミディアムグレーをお勧めしますが、2着目を買うなら赤茶色や深い青紫などの「コンサバティブ・フェミニン」にしましょう。

Style 4
スタイリッシュ・プロフェッショナル

Message
プロフェッショナル＋フェミニン
＋コンサバティブにも　スタイリッシュにも

ブラウスなしで着るようにデザインされたスーツ。さまざまな色とスタイルがあるので、与える印象もさまざまです。

「トラディショナル・ビジネス・サクセス」スーツより女性らしさを感じますが、それでもこのスーツを着ていればいつも、まわりの人からまともに扱ってもらえるはずです。男性も女性も、このスーツに身を包んだ女性をプロフェッショナルとして扱ってくれるのです。ポスト「トラディショナル・ビジネス・サクセス」スーツとして役立ちます。

特に、このタイプのスーツには、ネイビーやチャコールグレーなどダークな色でトラディショナルなデザインのものが多いため、保守的な男性に接する時はとても効果的です。

まじめな印象にもおしゃれな印象にも

また、コンサバティブで女性らしいシルエットですから、ちゃんとしたアクセサリーひとつで、まじめなビジネスパーソンから最先端のおしゃれな女性へと変身することもできるのです。

このタイプのスーツによく見られる色は、トラディショナルなメンズスーツの平均的な色、ブルーやグレー、ベージュなどメンズスーツの中でも明るめの色、えび茶やフォレストグリーンなどまじめな印象を与えるフェミニン・カラーです。

どの色であっても、どんなふうに着こなしても、「スタイリッシュ・プロフェッショナル」は、さまざまな業界の代表者たちとやり合わなければならない女性にとって、最も役立つスーツです。もし、あなたがそれほど保守的でない職場にいて、1着だけスーツを用意するとしたら、このタイプのスーツをお勧めします。

スタイリッシュ・プロフェッショナル
のコーディネイト例

Style 5 ソフト・フェミニン

Message フェミニン＋かわいらしい

パステルカラーのスーツのほとんどが、このタイプに当てはまります。襟に小さなフェルトをあしらったもの、首元や袖にレースをつけたものなど、ディテールに女性らしいデザインを施したスーツも、このタイプに分類されます。

もともと威厳のある強い女性は別として一般的には、このタイプのスーツの多くは、ビジネスで威力を発揮するにはかわいらしい印象を与えすぎるようです。

このスーツでは、濃い目のペールイエロー、クリーミーベージュなどが最も効果的です。ですが、パステルカラー自体は、暖かい季節以外はビジネスに向かない色ですし、人を説得する時以外は効果的な色ではありません。

人に命令する立場の人は、かなり大柄の人か、権威がすでに明確な場合以外、着てはいけない

というわけで、仕事相手に軽く見られがちな女性や小柄な女性には、このスーツは向きません。肉体的にかなり大柄か、よほど自信に満ちた性格でなければ、人に命令する立場の女性がこのタイプのスーツを着ても、まったく効果はありません。

「ソフト・フェミニン」のスーツを着ているあなたを、女性たちは有能なプロフェッショナルとして扱ってくれますが、男性は違います。仕事相手が男性なら、このタイプのスーツはやめておきましょう。自分をかなり不利な立場に追い込むことになります。

生まれつき威厳に満ちて堂々とした女性か、すでにあなたの力と能力をよく知っている職場の中で働く場合でもなければ、極端にフェミニンなスーツを着ながら、まわりの人を自分に従わせるのは難しいでしょう。男性が相手の場合は、特に難しいはずです。

Purpose 1
好感を得る

The Suit
成功する
ビジネススーツ
目的別
コーディネイト
のルール

セールスに携わる女性が成功するためには人気がなくてはならないことを発見して以来、「人気」についての研究を始め、たくさんの講義を受け持っています。

最初の調査の焦点は、果たして服装が人気に影響しているのか、という点でした。

そして、特定の色、または特定の色の組み合わせが人を親しみやすく見せること、その結果人気が上がることを発見しました。

アースカラーとネイビーが好感度最大

●ライトブルー、ペールイエロー、ベージュ、キャメル、さまざまなトーンのアースカラー（赤茶系の色）は着ている人を親しみやすく、つき合いやすい人物に見せてくれます。

●ネイビーとペールイエロー、ネイビーとベージュの組み合わせも親しみやすい印象を与えます。

●男性にとっては、オフィスではラペルのないスーツの女性が親しみやすく見えることがわかりました。見た目の印象がよりやさしく、女性らしくなり、多くの男性がそれに好意的に反応したのです。

セクシーなスタイルは男性にも嫌われる

女性らしさとセクシーさは紙一重です。女性らしい装いは一歩間違えるとセクシーに見えてしまい、かえって人気を下げていることがわかりました。

多くの女性が驚いていましたが、実際のところ、オフィスでセクシーな格好の女性を見ても、男性は喜んだりしません。オフィスでセクシーな服装の女性を見るとイライラしたり、威圧感を感じるのです。下心を持つ一部の人たちを除けば、社内の人たちは皆、セクシーな服装にうんざりしていました。

タフでアグレッシブなスタイルは好かれない

タフでアグレッシブな服装がビジネスでの成功につながる、と信じている女性もいますが、それは間違いでした。ここ8年にわたって最も調査結果のよかったスタイルは、見るからにアグレッシブでやや男性的なスタイルから、控えめに自己主張するフェミニンな印象のスタイルへと変わってきています。

成功の秘訣は周囲にとけ込むスタイル

権力を持つ女性のほとんどは、まわりの人から好かれていますし、好かれるようなスタイルをしていました。そしてそれには共通する特徴がありました。

①チームの一員に見える服装をしている。同僚たちと違って見える服は着ていない。オフィスの人たちが皆スタイリッシュであれば、スタイリッシュな服装、コンサバティブな服装なら、自分もコンサバティブな服装をしていた。

②非公式であろうと公式であろうと会社のドレスコードを守り、その上で、他の社員たちよりおしゃれに見える。

③フェミニンなスタイル。パワフルな印象を与える服装もできるのに、スーツ姿の時はよくラペルなしのスーツを着る。

④服装について一種のラフな感性を持っている。いろいろなアイテムを上手にコーディネイトしているように見えながら、それほどおしゃれに気を使っているわけではない。

⑤ヘアスタイルはショートで、ジャケットの前を開けっぱなしで歩くことも多く、ルックスについて無頓着なように見える。

Purpose 2
信頼を得る

人からの信頼を得ることは、すぐれたリーダーのひとつの証です。そして、女性はもともと、男性よりも人から信頼されやすい存在です。

男性の販売員と女性の販売員に同じように疑わしい内容のセールストークを行ってもらう調査をしたところ、男性客も女性客も、女性の販売員を信じることが多いという結果が出ました。

男性はいつも疑われてばかりいます。女性はめったに疑われませんから、新しいアイディアや新製品を売り込む時は断然有利ですし、人を管理する立場になった時にもこの信頼感の高さがすばらしい武器になるのです。

それでもすべての女性が人に信頼されるわけではありません。信頼されにくいという悩みがある人には、信頼度アップに役立つコーディネイトをお勧めします。

信頼できる人に見えるコーディネイト・ベスト5

調査の結果、次のコーディネイトが信頼度アップに役立つことがわかりました。
①は特にすばらしい結果を出しました。

①ミディアムブルーのスーツに白のブラウスの組み合わせ
②ネイビーブルーのスーツと白のブラウスの組み合わせ
③グレーがかったベージュのスーツとライトブルーのブラウス
④キャメルのスーツにミディアムブルーのブラウス
⑤ペールイエローのスーツにライトブルーのブラウス

おしゃれに見せないほうが得策！

人から信頼されるために重要なのは、期待されるイメージ通りに自分をアピールすることです。銀行員なら銀行員らしく、科学者なら科学者らしく、アーティストならアーティストらしく見えなければいけません。

最先端のファッションや、誰も見たことがないような奇抜な服を着て会う人を驚かせるような服装はしないことです。

つまり、**美しく見えるかどうかを気にしてはいけない**のです。おしゃれのセンスのない女性のほうが、趣味のいい着こなしの女性より信頼されるものです。

Purpose 3
威厳を出す

ダークな色であればあるほど、高価そうに見えれば見えるほど、スーツは着る人を権威ある存在に見せてくれます。だからこそ、大企業のエグゼクティブも、地獄の使者も、暗い色の服を着ているのです。

自分を権威ある人物に見せたいと思ったら、チャコールグレーや黒、ネイビーのスーツを着るのが正解です。

ただし、「トラディショナル・ビジネス・サクセス」スーツがいつも最高の効果を出すとは限りません。47歳以下の女性や男性と仕事をする場合は、手持ちのグレーやブルーのスーツの半分をもっとフェミニンなスタイルのスーツに替えていくことによって、彼らに対し、威厳を発揮することができます。

スーツに限らずどんなアイテムでも、**ビジネスで着る服を選ぶ時は、自分が仕事で誰に接するのか、その人たちにどんな印象を与えたいのか、自問自答する**ことが大切です。そして、その印象を与えるのに役立つ服を選ぶことです。

結論を言えば、**多くのビジネスウーマンは、トラディショナルで控えめな色の誰にでもよい印象を与える「コンサバティブ・フェミニン」スーツ（118ページ参照）をワードローブの主力にするべき**です。

スーツを替えて昇進したメリーの場合

メリーは非常に保守的な企業に勤めていました。

他の女性管理職と同じようにいつもスーツを着ていましたが、私は彼女のワードローブを見て、威厳のあるスーツを2着買うようにアドバイスしました。男性エグゼクティブが時々自分の意見に耳を貸さないことがあって困っている、と彼女が訴えていたからです。

男性たちの反応は当然でした。彼女のワードローブは、ひどくかわいらしい服であふれていたからです。やさしく、若く、フェミニンな印象を与えるアイテムばかりでした。

メリーは、多くの女性と同じ過ちを犯していたのです。あるタイプの服装が自分に似合うと思うと、同じタイプの服だけでワードローブを固めてしまうのです。

メリーの夫は弁護士でした。

妻が私のアドバイスを聞き入れないのを見て、彼は、今度はクリスマスに、自分でネイビーの無地のスーツとチャコールグレーのピンストライプのスーツを買ってプレゼントしました。

すると、このまじめな2着のスーツを着るようになった途端、メリーを取り巻く世界は一変したのです。

男性陣も彼女のアイディアに耳を傾けるようになりました。メリーは2年間で2度昇進し、給料はほぼ倍になりました。

The Suit

成功する
ビジネススーツ
ショッピングの
ルール

Rule 1

スーツの購入は、ファッションではなく、将来への投資である

C H A P T E R 3

The Suit

スーツのルール

多くの女性、特に大きな都市で働く女性にとって、ランチタイムのショッピングは楽しみのひとつです。店を見て回り、気に入ったものがあればその場で買ってしまいます。

しかし、スーツを買う時は、このような衝動買いはやめておきましょう。スーツは1着しか持っていないし、それもめったに着ない、という人でも、その1着が仕事用のワードローブの中で最も重要な服になる可能性があるのです。そうでなくてもスーツはもともと高価なものですし、時間をかけて慎重に選ぶ必要があります。

男性は、スーツを服の中でも特別な存在に仕立て上げました。ちゃんとしたスーツは、着る人が教育のある成功したプロフェッショナルであり、パワフルで有能な人物であることを物語ります。

同様に、上質なスーツに上質なアクセサリーをつければ、あなたはそれよりさらに上の、ビジネスの支配階級として認められるのです。だからこそ、スーツの購入は一大事業です。衝動買いは禁物です。

Rule 2 目的を明確にした上で、ショッピングに出かける

スーツを買いに行く前に、手持ちの服をすべてリストアップし、どのタイプのスーツがあなたのニーズに合うかを考えてください。

ある特別な会議のために必要なのですか？ 交渉ごとですか？ セールスですか？ 面接ですか？ それともワードローブが偏っているから、バランスを取りたいのですか？

たとえば、就職の面接に行くために、きちんとしたスーツを買うのだとしても、もしすでに持っているスーツが堂々とした印象を与えるものばかりだとしたら、買い足すのは、もっと親しみやすい印象を与えるタイプのスーツだということになります。

私は20年もの間、多くの女性がスーツを買うところを観察してきましたが、その結果、出かける前にどんなスーツ——色や柄、重さ、素材やスタイル——が欲しいのか具体的に決めておくほうが、よい買い物ができるということを確信しました。

イメージ通りのスーツが見つからなくて妥協を迫られるような場面でも、買うべきスーツを事前に決めておいた場合は、衝動買いをしてしまう女性はほとんどいません。

Rule 3 持っている中で、最も上等なスーツを着て買いに行く

スーツはワードローブの重要なアイテムですから、**スーツを買う時は手持ちのスーツの中で最も高価で上質のものを着ていきましょう。** スーツを持っていない人は、最もコンサバティブなコーディネイトで出かけましょう。

なぜなら、婦人服売り場では、きちんとした服装のほうが店員に好感を持たれます。インタビューした女性の多くが、流行の服を着ていった時には店員が何でも要望に応えてくれたのに、普段着で行くと同じ店員に知らん顔をされたり、ひどい扱いを受けたりした経験がある、と言っていました。

さらに、より実質的な違いもあります。多くの大きな衣料品店は、仕立てのための専門のテーラーやお直しのための業者を何人も抱えていますが、その技術にはかなりの差があります。そこで、顧客のグレードによって、職人を使い分けるのです。

そして、この顧客のグレード分けは店員によって行われます。店員には経済的に苦労した経歴の人が多く、身なりのいい客に好感を持つ傾向にあります。逆に言えば、誰にでもすぐわかる上等な服装以外、店員はお客を判断する目を持たないのです。

店員を相手に買い物をする時は、おしゃれして行きましょう。

Rule 4 微妙なパステルカラーや鮮やかな色は高級品にのみ許される

スーツを買うなら、色はネイビーやミディアムブルー、ダークグレー、ミディアムグレー、ライトグレー、グレーがかったベージュ、ダークブラウン、ミディアムブラウン、グレーがかったブラウン、深いえんじ、カーキ、フォレストグリーンだけにしておきましょう。それなら経済的です。

パステルカラーはビジネスで不利になることが多い上に、お金がかかります。というのも、生地を明るい色や微妙なトーンに染めるのは、アパレル業者にとって非常に難しいことです。生地を上質に見せるには、よい染料と高価な素材を使わなければなりません。自然にそのコストは、消費者負担になります。

したがって、微妙なパステルカラーやさまざまな色合いのピンク、ペールブルー、黄色、鮮やかな赤や薄紫、赤紫のスーツは高価ですし、慎重に選ぶ必要があります。

強烈な柄のスーツを選ぶ時も同じです。柄をくっきりと浮き上がらせるために、また上品で質の高いスーツに見せるために、メーカーはコストをかけなければなりませんし、それは価格に反映されます。

微妙な色はキャリアアップしてからのお楽しみ

スーツにかけられる予算に限界があるなら、スーツの色も限定しなければなりません。キャリアアップして高価なスーツを買える経済力がつくまで、微妙なパステルカラーや鮮やかな色のスーツはお預けです。

男性のスーツと同様、毎日着ても気にならない色がベスト

もうひとつ、淡いパステルカラーや明るい色のスーツを避けたほうがよい理由は、着る回数が限られてしまうということです。2週間に1度同じスーツを着ても、そ

れがネイビーなら、いちばん最近見たのがいつだったか、覚えている人はいないでしょう。しかし、それが明るい赤のスーツならどうでしょう。1カ月後には同僚たちに、それがあなたのお気に入りの1着だと思われてしまうはずです。明るい色や淡いパステルカラーのスーツを着るには、幅広いワードローブが必要です。

Rule 5
素材はウール。ウールがエリートの代名詞

スーツに最適な素材はウールです。どんな生地よりもきれいに染まりますし、型くずれせず、シワも取れやすく、ボディに美しく沿い、冬は暖かく、サマーウールなら夏も着られます。さまざまな柄を織ることもできます。

それ以上に、最も重要なのは、ウールの上質さが物語る無言のメッセージです。ウールやウール風の素材は育ちのよい、エグゼクティブやエリートの代名詞です。

もしウール素材でないのなら、せめてウールのように見えなければいけません。ウールの割合が50％以上の人工繊維との混紡なら、なんとかなるでしょう。

ニットや綿や麻のスーツはビジネス向きではない

ニットスーツの調査結果は95％がよくありませんでしたし、コーデュロイ、デニムなどレジャーウェアによく使われる素材のスーツも同じ結果でした。

また、綿や麻のスーツも好ましくありません。もちろん夏には快適なことは確かですが、シワ防止加工がされていないものは、袖を通して2時間以内に1日中着ていたかのようにしわくちゃになってしまいます。そして、そういう服を着た女性は、ほとんどの人に教養のない無能な人間だと思われてしまいます。

シルクはビジネスには贅沢すぎる印象を与える

シルクは、ごく限られた色、限られた柄の時だけ効果的なスーツ用素材の典型です。私がデンバーで会ったエンジニアの、ネイビーのコンサバティブなシルクのスーツは非常に効果的で、最も重要な会議のためのとっておきのスーツだということでした。『フォーチュン』誌トップ500社のひとつの社長も、自分が会った女性たちの半数が、スーツとそのスーツに身を包んだ自分自身を誉めてくれたと自慢しました。

ところが、同じテーラーによる別の色のシルクのスーツはそうではありませんでした。最大の欠点は、着ている人がまじめなビジネスパーソンではない、と多くの男性に思われてしまうことでした。実際、ビジネススーツにしては贅沢で、ドレッシーすぎるように見えました。

Rule 6 肩のラインの合わないスーツは、買ってはいけない

スーツの試着になると、女性たちはひどい間違いを犯します。普段、女性が買うワンピース、ブラウスなどは、本来の体形に反したシルエットを持つ立体的な構造

になっていないことがほとんどです。それらは、体型に合わなくても「お直し」をしてもらえます。その結果、ぴったり体型に合っていないものでも買うのが習慣になっています。

けれども、この常識は、スーツには当てはまりません。スーツのジャケットを着てみた時、心地よく体に沿ってフィットしなければ、買おうなどと考えてもいけません。肩が完璧にフィットしないスーツを買うのは、お金の無駄です。

ジャケットの肩は、ビルの骨格によく似ています。多くの建築業者は外壁をリフレッシュし、建物の内部を取り除き、内装をデザインし直しますが、骨格には手をつけたがりません。建築業者は経験上、骨格を直すのは一筋縄ではいかないこと、結局は徒労に終わるケースが多いことを知っています。

ちゃんとした衣料品店は、同じ理由で肩を直したがりません。とても一筋縄ではいきませんし、失敗することが多いからです。

そのスーツがどんなに気に入っても、店員が直せると言っても、肩のラインが合わなかったら、あきらめましょう。

Rule 7 妥協しない

行った店にあなたのニーズに合うスーツがなかったら、あるいは、品質チェックや試着の結果、少しでもパスしないところがあったら、すぐに店を出ましょう。

私たちが、スーツを買いに行く女性たちに同行して調査した結果、女性たちは欲しいものが見つからないと妥協することが多いだけでなく、ひどい妥協をすることもあったので、あえて強く申し上げます。

多くの読者にとって、ショッピングが単なる雑用なのはわかっています。しかし、あなたが私のクライアントの多くと同じようにビジネスでの成功を目指しているなら、時間の管理は最優先事項です。あなたはスーツを買いに来たのであり、気晴らしにショッピングしているわけではありません。妥協は禁物です。

スーツは、将来に対する投資です。このことを忘れないでください。

CHAPTER

4

The Dress

ワンピースのルール

往年のハリウッド映画の中の働く女性たちは皆、ワンピースを着ています。

しかし、現在、ビジネスウェアとしてのワンピースは、2つの問題をはらんでいます。

まず、ワンピースを着た平均的な女性を威厳のある有能な女性だと思わない人が、女性で26％、男性で31％も存在することです。彼らの意見はここ20年間ほとんど変わっていませんし、私たちがインタビューした限りでは、心変わりする気配もありません。

また、フェミニンなワンピースを着た女性を有能であると思った人たちでさえ、その女性を競争力のあるエグゼクティブやプロフェッショナルとはなかなか思ってくれないということがわかりました。

1970年代、エグゼクティブたちは、管理職らしい服装をしていないからという理由で、スーツを着ない男性を経営陣には昇進させないと言い始めました。周知の事実ですが、男性には一種のユニフォームがあったのです。

ユニフォームの着用を拒む男性は反乱者か馬鹿者で、経営者の器ではない、と思われました。このような考え方のせいで、ほとんどの企業は、スーツを着ない男性を経営陣への候補者リストから除外しました。

同じことが現在、ジャケットを着ない女性に対して起こっています。ジャケットがビジネスウーマンのユニフォームとしてすっかり認知されたため、以前スーツを着ない男性が抹殺されたのと同じように、ジャケットを着ない女性も経営陣への候補者リストから外され、ワンピースを着た女性はいっそう不利な立場に立たされています。

The Dress

ワンピースを着るべきではない理由と例外

Fact 1

フェミニンなワンピースを着ると、初対面の人に信用されない

ビジネスにはワンピースを着るべきではないといっても、現実には、大きな成功をおさめた多くの女性たちが、しばしばワンピースを着ています。周囲もワンピースを理由に、その女性を軽視することはありません。それは、その女性が副社長とか主任エンジニアなどの肩書きを持っているからです。

そうでなくても、毎日同じメンバーと働き、そこで、才能にあふれていることがまわりの人に認められている場合は、ワンピースを着た女性たちだって尊敬されます。毎日いっしょに働いていれば、服装ではなく、他の基準によって判断されます。

しかし、その女性自身がよくも悪くも強く印象に残らない人である場合、知らない人に接しなければならない仕事をしている場合は、少なくともある部分では服装によって判断されてしまいます。

特に薄い色のワンピースやフェミニンなデザインのワンピースを着ていると、初対面の人たちには、プロとしての判断力やリーダーとしての能力を信頼してもらえない可能性が高いでしょう。

Fact 2
セクシーで魅力的なことは有能に見えることと両立しない

男性と女性の服装に対する感覚は大きく異なる

私たちはさまざまな業界で働く女性たちに、１２０のさまざまなワンピースの写真を見せました。同じワンピースを男性に見せて、彼らにまじめな印象を与えるワンピースを選んでもらいました。男性たちにとっての「まじめな」ビジネス向きのワンピースは、女性たちには「とてもまじめな」ワンピースでした。

さらに、１２６人のビジネスマンに同じ１２０枚の写真を見せ、いちばん重要なクライアントにプレゼンテーションする際に同行させてもいいと思う服装の女性を選んでもらいました。１０２人が同じ19着のワンピースを選び、そのうち17着が、伝統的なメンズウェアの色のワンピースでした。残りの2着はダークグリーンとえび茶でした。19着すべてが、テーラードカラーでした。

この結果は、女性たちのほとんどが、男性たちの選択を、つまらない、信じられないと評しましたが、それを聞いて、考えを変える男性がいるとは思えませんでした。

男性はセクシーな女性を有能だと思いたがらない

この調査に関して、多くの女性たちが、仕事と恋愛のどちらにも効果的な色や柄を発見したかどうか、私に尋ねました。

仕事で有能なだけでなく、女性として魅力的でもある、という印象を与える3つの色は、ネイビー、ベージュ、ミディアムブルーでしたが、どっちつかずと言えるかもしれません。

男性が最も有能だと思うのは、グレーのワンピースを着た女性です。しかし、彼らはその女性を決して魅力的だとは思いません。それこそ、男性たちがグレーを着た女性を有能だと思う原因かもしれません。**女性にとって、セクシーであることと有能であることとは両立しない**のです。

男性だけが自分を有能でセクシーであるとアピールできて、女性ができないというのは不公平ですが、現実はまあ、そんなものです。

ワンピースは間違いなくあなたを、男性にとってセクシーで魅力的で、女らしい女性に見せてくれます。それこそ、ほとんどの女性が仕事にワンピースを着るべきではない最大の理由なのです。

Fact 3
ファッショナブルであることは女性を成功に導かない

ファッションライターたちが、毎年ワンピースを取り上げ、これこそ成功した女性にふさわしいスタイルだと絶賛し、女性たちに、最先端のワンピースをビジネスに着てもいいのだ、と言っています。彼らはいつも、賢くて成功した女性は着たいものを何でも着るべきで、そういう女性こそが多くのトレンドを作り出すのだ、などと言います。

彼らによれば、強い自立した女性であるあなたは、男性の偏見や愚かさに立ち向かう義務を果たさなければいけないのです。でも、ファッションライターは指摘しません。スタイリッシュなワンピースやトレンディな服を着た流行の担い手の女性たちは、昇進も高い給料も勝ち取ってはいない、ということを。

4年間の追跡調査が物語る事実

私たちは4年にわたって、161人の高学歴の女性たちを、服装によって、コンサバティブ、平均的、ファッショナブルの3つのグループに分け、その成功の度合いを追跡調査しました。成功の尺度としては、収入を用いました。

結果、**圧倒的な成功をおさめていたのはコンサバティブな服装のグループ**でした。

ところが、興味深いことに、調査が終わる頃には半数がすでにコンサバティブな服を着るのをやめていました。ファッションジャーナリズムに影響されたせいか同僚の意見かわかりませんが、もう成功のためにコンサバティブな装いをする必要はなくなった、と信じるようになったのです。

ファッショナブルな服装は一部の業界を除き、成功には不利になる

平均的な服装のグループは、6年後にはファッショナブル・グループより少しだけ多くの収入を得ていました。しかし、本当は、もっと大きな差がついていたはずです。というのも、ファッショナブル・グループのうち7人が圧倒的な成功をおさめて非常に多くの収入を得たおかげで、そのグループ全体の平均値を押し上げてしまっていたからです。

7人中5人は、ファッション性の高い業界の人たちで、そのうち、テレビパーソナリティー1人、メディア弁護士1人、贅沢な製品を非常に裕福な階層の人々に売る女性1人の3人の収入を合わせると、同じグループの残りの44人の収入の合計のおよそ4分の1になりました。

結論から言うと、ファッション性の高いスタイルは、一部のファッション性の高い仕事にとっては大きな強みになりますが、トラディショナルな仕事では弱みになります。

あるファッショナブルな服装が、有能な女性の服装として認知される、つまり、

エグゼクティブ、特に男性エグゼクティブがその服を着た女性たちをまともに扱ってくれるようになるのは、多くの有能な女性たちがそれを着ている姿を見慣れた後のことです。

ところが、残念なことに、ファッションにおいてリーダー的存在の女性たちは、平均的な産業界においては、ビジネスのリーダー的存在とはなりにくいのです。

26人のエグゼクティブの中で1人だけ、着たいものを着る自由のためなら、自分のキャリアを危険にさらしてもいい、と言った女性がいました。それに対してある女性が、こう言いました。

「私が働いているのは理想の世界ではなく、現実の世界なんです。毎日のように、私は暗黒時代の狂信者みたいな男性たちに接しています。フェミニンでファッショナブルな服を着ていると、男性の尊敬や協力を得ることがますます難しくなるということが、経験上わかりました」

彼女の意見は、他の女性たちを代弁しているようでした。

Fact 4
ワンピースは男性の競争心を和らげる

とてもアグレッシブな印象の女性、威圧的な印象の女性にはワンピースが効果的

どんなルールにも例外があります。ごくわずかな割合ですが、スーツやジャケットよりもワンピースが圧倒的に効果的な女性もいます。とてもアグレッシブな印象の女性、身体の大きさ、スタイルや性格がまわりに威圧感を与えてしまう女性です。

数年前、私は背が6フィート（約181センチ）以上もあるデニスという銀行員に、できるだけワンピースを着るようにアドバイスしたことがあります。その銀行はとても保守的だったので、デニスは私のアドバイスに従いませんでした。私

は、自分のアドバイスは単なる推測だし、デニスが正しいのだろう、と認めた上で、「Dress for Success Diary」をつけて私の仮説を実験してみるように勧めました。

6カ月後、彼女は私が正しかったと認める手紙を送ってきました。そこには、本社の会議でスーツを着る以外は、今はほとんどの時間、ワンピースを着ている、と付け加えてありました。

やがて、彼女が本社に異動になった時、私はそのままワンピースを着続けるようにアドバイスしたのですが、彼女は従いませんでした。彼女はその銀行のトップ・エグゼクティブの1人になりましたが、権力を持つ女性はワンピースを着られない、と主張したのです。

しかし、デニスによく似た風貌のジャネット・レノが合衆国司法長官に就任した時、デニスはまたワンピースを着るようになりました。そして、以前よりもオフィスの男性たちの協力を得やすくなったと報告してきました。

ワンピースは女性の印象を和らげ、威圧感を抑えるのです。一部の女性たちには、これは重要なことです。

女性が権力を持つことに耐えられない男性をあしらうのに効果的

ワンピースは、ある種の特殊な問題を解決するのに役立つこともあります。スーザンは、コンピューター関係の大企業の、非常に成功したセールスウーマンでしたが、ある時いちばん重要なクライアントの新しい購買担当者が、彼女が自己主張しようとすると怒ってしまうことに気づきました。2度目にその担当者に会いに行った時、彼はスーザンを2時間待たせました。

本能的に自分のアプローチ法を変えたほうがよいと感じたスーザンは、次はフェミニンなワンピースを着ていきました。すると、その途端、担当者の態度はとてもうちとけたものになりました。

この問題をエグゼクティブ女性たちのフォーカスグループに提示したところ、彼女たちも、女性が権力を持つことに我慢できない男性に出くわすことがあると言いました。こうした男性たちの扱い方は、女性らしく態度を変えるか、より攻撃的になるかの2通りに分かれましたが、どちらであろうと、その時、効果的だと思われる方法をとる、と多くの女性が認めました。

献身的な、エグゼクティブの妻を演じるのに効果的

ワンピースが効果的な女性のグループは、ほかならぬエグゼクティブの妻たちでした。ワンピースを着た女性は、夫を支えることだけに集中する古典的な妻、という印象を与えるからです。

企業は決して認めないでしょうが、本音では自社のエグゼクティブたちには、そのようなタイプの女性と結婚して欲しいと思っているのです。

あなたが夫の会社のイベントに参加する時は、献身的な妻として見られたいと思うべきで、自立したキャリアウーマンに見られたいと思ってはいけません。

企業は、社員の妻が社員自身と同じくらい重要なキャリアを持っていると思ったら、その社員を昇進させることはまずないでしょう。これこそ、ワンピースを着るべき時と場合です。

すなわち、ワンピースが効果的なのは、男性の競争心を和らげることが得策だと判断されたときだけだということです。

The Dress

ビジネスで許容されるワンピースのルール

Rule 1

育ちのよい印象を与える色であること

強い印象を与えない上品な色を

ワンピースの色で最も大切なことは、育ちのよい印象を与える色であることです。最も効果的な色合いは、強い印象を与えない上品な色、元気な印象は与えても緊張感は感じさせない色、上質で安っぽく見えない色です。

調査結果が悪かった色は、フォレストグリーンを除くすべての緑、オレンジ、薄いレンガ色、明るい黄色、薄紫、ピンク、マスタード、赤、ヨーロピアンレッドです。ファッショナブルな服が好きな人は、気をつけてください。

黒のワンピースは夜のパーティ用に

私は、洗練された環境で育ち、服装のセンスに自信のある人でなければ、黒いワンピースは避けたほうがよい、とアドバイスしています。黒いワンピースは、ビジネスウェアとしてはフォーマルすぎたり、陰気すぎたりするケースが多いのです。夜のパーティなどのためにとっておいたほうがよいでしょう。

Rule 2 テーラードカラーでコンサバティブで高価なこと

女性がワンピースを着た場合の調査を山ほど行った結果、どんなにコンサバティブなワンピースもジャケットやスーツよりビジネスには効果的でないことは明白です。それでも、一部の女性たちがワンピースを仕事に着ていくと言い張ることはわかっていますから、どのワンピースがいちばん効果的か調査しました。

仕事にはコンサバティブで高価なワンピース

高級店で売っていたコンサバティブで高価なワンピースが、最もよい調査結果を出しました。この20年間で、ビジネスに使えるスーツやジャケットの色や生地、デザインは驚くほど広がりましたが、ワンピースは違いました。１９７０年代によい調査結果を出したワンピースは、今でもよい調査結果を得られています。ディープブルー、ネイビー、黄褐色、ベージュ、ミディアムブルー、グレーがかったブラウン、ダークブラウン、えび茶、グリーンの最もコンサバティブなテーラードカラーのワンピース。

このタイプのワンピースを着るのは、「私は責任者です」と自己紹介するのと同じです。特に、男性エグゼクティブに好印象を与えます。

秋冬はウール、春夏は綿素材

素材も重要です。調査結果が最もよかった素材は、ウール。ツイードやヘリンボーン、ギャバジンなど、重みのある印象を与えるウールが特に効果的で、エグゼクティブがこのタイプのワンピースを着ていると、会う人のほとんどは、彼女を一流だと見なしました。

春夏には、綿とほとんどの綿混素材も、調査結果は良好でした。天然繊維のワンピースは人工繊維や混紡素材と比べると、2倍の確率で育ちのよい印象を与えました。

絶対に避けなければいけないのは、安っぽいポリエステル、ならびに、透けたりボディに張りついたりする、セクシーな印象を与える素材です。

Rule 3
無地かピンストライプまたはコンサバティブな2色づかい

テーラードカラーのピンストライプ

ワンピースに使われる柄のすべてを調査することはできませんでしたが、調査の範囲内で、ビジネスに効果的な柄は、メンズスーツに見られるピンストライプだけでした。

テーラードカラーのピンストライプのコンサバティブなワンピースは、ほとんどのスーツよりも堂々とした印象を与え、しかも威圧感は少なく、ファッショナブルでもあります。ミディアムグレーからダークグレー、ミディアムブルーからダークブルーまでの濃いトーンであれば、ほぼ理想的です。

効果的でないケースは、調査した限りではたった2つ。スピーチや面接の時でし

ピンストライプのワンピース
のコーディネイト例

た。離れた所からはピンストライプはあいまいな印象になるからでしょう。

逆に、最も避けるべきは、花柄です。主婦のような印象を与えます。ビジネスウーマンとしては、男性からも女性からもまともに扱ってもらえません。柄が大きいほど、その傾向が高まります。

また、カッティングがコンサバティブで、大柄の、フェミニンな明るい色の幾何学模様や花柄などのワンピースを着た女性の写真を見せて職業を推測してもらったところ、86%の男性と66%の女性が、秘書（アシスタント）か事務員と答えました。

2色づかいのワンピースには効果的なものもある

正しいワンピースであれば、ビジネスウーマンにふさわしい印象を保ちながら人々の注意を引きつけ、着る人に存在感を与えます。

色でアクセントをつけたワンピース、たとえば白のパイピングのあるネイビーブルーのワンピースなど、コンサバティブで育ちがよく見える色づかいであれば、とても効果的なケースもありました。アクセントカラーが占める割合がワンピース全体の20%以内のものが最も効果的でした。

白のパイピングのあるネイビーブルーのワンピース
のコーディネイト例

CHAPTER

5

Other Items

その他のルール

Skirts
スカートのルール

スカートとブラウスの組み合わせが効果的なのは、スカートがスーツのボトムスであるように見えるからです。私たちの調査では、スカートに最もよい反応を見せたのは、男性も女性もジャケットを脱いで過ごすオフィスでした。

ダークカラーのコンサバティブなスカートを

最も調査結果のよかったスカートは、メンズスーツの色、あるいはコンサバティブなフェミニンスーツに使われる暗い色のもので、カッティングはとてもコンサバティブでした。

今では女性が仕事にカラフルなスーツを着るのはとても効果的なことだと思われ

ていますが、おそろいのジャケットやベストなしでカラフルなスカートをはいている場合は、まともに扱ってもらえないのです。

ミニスカートは絶対禁止

トレンドがどうであろうと、絶対にミニスカートでオフィスに行ってはいけません。女性はミニスカートをファッションとして見ますが、男性は脚に視線が止まり、セックスを想像します。どんなに女性がミニスカートを正当化しても、男性をののしっても、何も変わりません。

私は1970年代初めからスカートの長さを調査し、毎年その平均値を報告してきました。ワンピース、スーツ、スカート、制服のスカートの長さに対する人々の反応についても調査してきましたが、ここ20年でまったく変化は見られません。

短いスカートは、ビジネスに効果的ではありません。仕事にはくスカートは、常にひざ下丈であるべきです。女性全員がミニスカートをはいている職場で、何人かはひざ上2センチ以上のスカートが許されていたとしても、私はお勧めしません。

背の低い女性はロングスカート厳禁

身長5フィート6インチ（約170センチ）以下の女性は、ロングスカートをはいていると調査結果が悪いことがわかりました。身長5フィート10インチ（約178センチ）体重110ポンド（約50キロ）のモデルがはいてシックに見えるロングスカートも平均的な体型の女性がはいたら、ずんぐり見えるだけです。

フリルがついたスカートは不利

私たちは男性たちにさまざまなスカート姿の女性たちの写真を見せてきましたが、この20年間ずっと90％以上の男性が、フリルがついた軽い素材の短いスカートやセクシーなスカートをはいた女性たちの能力に疑問を持ちました。

こうしたスカートは、暗い色のコンサバティブなスカートの2倍の確率で、女性エグゼクティブからもマイナスの反応を引き出します。男性優位のビジネス環境で訓練されてきた女性たちは、薄い色や明るい色のタイトなミニスカートをはいた女性を、自分より劣った存在として扱うことが多いのです。

素材はウール

コンサバティブでトラディショナルなスーツのボトムスのように見えるスカートでも、エグゼクティブにふさわしい印象を与えてくれるとは限りません。それに加えて、上質に見える（つまり100％ウールに見える）ことが必要です。

一部の人工繊維など多くの素材の調査結果もよかったのですが、常に安定してよい印象を与えることができたのはウールのスカートか、ウールに見える素材のスカートでした。

外気温が高い夏季には、麻や麻に見える素材のスカートがよい印象を与えます。

今では、人工繊維でもウールと同じくらい上質で美しく見えるものがたくさんありますが、生まれつきセンスのよい、恵まれた環境で育った人でない限り、100％ウールのスカートを選ぶほうがよいでしょう。

Pants
パンツスタイルのルール

パンツスタイルはセクシー？

女性たちはパンツを男っぽいアイテムと考えているので、ぴったりしたシルエットでない限り、パンツをはいた女性に男性が性的に刺激されるなんて信じられないようですが、私たちの最新の調査では、53％の男性がパンツをはいた女性に興味を持つことを認め、一方で6％の男性たちが威圧感を感じています。

スリムなモデルならそんな心配はありませんが、美しい丸みを帯びた女性らしいプロポーションの女性がパンツをはくと、男性を刺激してしまうのです。ほとんどの皆さんがご存知のように、これは危険です。もし男性を性的に刺激してしまったら、プロフェッショナルとしてのイメージや権威ある人物としてのイメージに傷がついてしまうからです。

また、そうでなくても、パンツをはいた女性にマイナスの反応を示す男性は少なくありません。なぜか敵意を示すのです。そこまでいかなくても、パンツをはいた女性の意見にはあまり耳を傾けてはくれませんし、協力的ではありません。

パンツをはかなければならない人へのアドバイス

私は、仕事でパンツをはかないように女性たちにアドバイスしますが、一部の女性がやむを得ずパンツをはいていることもわかっています。そこで調査結果に基づく、いくつかの注意点を挙げておきます。

レジャーウェアとしてデザインされた女性のパンツは、腰、ウエスト、お尻にしっかりとフィットするのが理想的ですが、ビジネス用のパンツはウエストだけにしっかりフィットするのが理想的です。

裾がすぼまっていたりせずに、丈もデザインを考えて設定されていなければいけません。足首より上の丈のクロップドパンツ、ぴったりとフィットする素材で脚の形がわかるようなパンツは調査結果がよくありませんでした。

最も効果的なパンツは、伝統的なプリーツのあるカッティングで、立ったり座ったりしても脚に張りついたりすることのない、きれいな形のものです。

●ビジネスウーマンのパンツとして最も効果的な色はネイビー、黒、グレー、グレーがかったベージュ、ダークブラウン、ブルーがかったグレー、つまり暗い色です。

●必ず無地であること。無地が最も無難です。とてもトラディショナルでコンサバティブな柄、細かい格子やヘリンボーンの調査結果はまあまあでしたが、無地ほどではありません。

●可能なら、パンツといっしょにジャケットを着ること。ウエストから少なくても6インチ（約15センチ）下まで丈のあるジャケットなら、なおよいでしょう。ヒップやウエストを隠してくれるテーラードのブレザーがその代表です。

●ブルージーンズをはいてはいけません。決して有能には見えません。周囲が全員ブルージーンズの男性なら、カーキやベージュ、ブラウン、ブラックデニムのパンツにしてください。

●最も効果的でない色は明るい色、薄い色、パステルです。

●例外は白いパンツです。きちんと仕立てられた白やオフホワイトのパンツは、

パンツスタイル
のコーディネイト例

ビジネスでも通用します。ほかに効果的な色は、ほとんどありません。赤は濃淡を問わず調査結果が悪く、オレンジ、紫、グリーン、黄色、ピンクも同様です。

Sweaters
セーターのルール

セーターは、エグゼクティブや専門職の女性のユニフォームではありません。セーターを着た女性は、セクシーな印象を与えることが多いのです。オフィスではセクシーな印象を与える女性は、まじめなビジネスパーソンと思ってもらえません。セーターが男性を性的に刺激する服だということを忘れないことです。

したがって、上司を誘惑したいなら、セーターは効果的なアイテムです。特にあなたのプロポーションがよければ、すばらしい力を発揮することでしょう。やさし

セーターを着る時のコーディネイト例

く、女性らしい印象を与え、男性にとってはとても誘惑的です。

例外は、あまり胸の大きくない女性がスーツの下に着る、ブラウスに近い薄い素材のセーターです。トラディショナルなブラウスのほうが効果的ですが、この手のセーターブラウスもインナーとして十分通用します。ただし、この場合も、プロフェッショナルなイメージを保つためにはジャケットを脱がないほうがよいでしょう。

Scarves
スカーフのルール

スカーフを、ビジネスのユニフォームの一部としている女性たちがいます。

以前、ファッショナブルな人気のスタイルだったことがあるからでしょうか、私たちが調査した大多数の男性エグゼクティブはいまだに、肩から上質なスカーフをかけた女性たちは、成功したビジネスウーマンだと思っていました。

かくして、そのスタイルが特にファッショナブルではなくなった今でも、10年ほど前から、スカーフは女性エグゼクティブや専門職のユニフォームにアクセサリーとしてつけ加えることができるアイテムのひとつになっているのです。

ステイタスを感じさせるには最高級品でなければ効果はない

スカーフが効果的であるためには、見るからに高価でなくてはなりません。ほとんどの男性たちは上質なスカーフとお粗末なスカーフの区別がつきませんが、それでも本能的に、ステイタスを感じさせるスカーフがどんなものか知っています。

ごく平凡なネイビーのワンピースを着た女性が、肩からとても高価なスカーフと、見るからに安っぽいスカーフをかけている写真をエグゼクティブのグループに見せ、それぞれの職業を想像してもらいました。

大多数の男性と80％以上の女性が、高価なスカーフを身につけた女性をエグゼクティブか専門職、安いスカーフをつけた女性を事務員かアシスタントだと思いました。

スカーフは多くのアクセサリーと同じように、経済力、パワー、能力、多くの秘書を抱えていることを見せつけるものですから、誰だって安いスカーフでよいわけはありません。

どんなスカーフが経済力や社会的地位をアピールするものかわからなかったら、たぶんあなたのスカーフ選びは間違っているのでしょう。

最も間違いのない方法は、街で最高級の店でデザイナーブランドのスカーフを買うことですが、どれでもいいわけではありません。経験を積んだ販売員を見つけてアドバイスを求め、定番のスカーフを教えてもらいましょう。わずかな値段の違いなら、高いほうのスカーフを買いましょう。

スカーフはほとんどのアクセサリーと同じように、投資と考えるべきです。最高の品を買うのが賢い方法です。

スカーフ
のビジネスファッションに適した巻き方例

Footwear 靴のルール

コンサバティブな中ヒールの暗い色のパンプス

ビジネスで成功する服のプレゼンテーションをする時、私はいつもスライドを使います。昔も今も使っている唯一のスライドは、6足のコンサバティブなパンプスの写真です。25年前の調査でもこの写真を使いました、と聴衆に語りかけ、今のパンプスのほうがヒールが細いだけで、後は何も変わっていません、と言います。

エグゼクティブらしい印象を与えるオフィス履きの靴は、トラディショナルなパンプスで、かかとの部分もつま先も開いていないデザインのものです。

色はネイビー、ミディアムブルー、黒、ディープブラウン、グレー、えび茶、ブラウン、ベージュ。ヒールは1・5インチか2インチ（約3・75センチから5センチ）。20年間、この調査結果はまったく変わっていません。

薄い色のパンプスを履くなら、ひとつだけルールに従ってください。鮮やかな色は避けること、目立つ装飾のついたパンプス、風変わりな色のパンプスを履かないことです。

こういう靴は履いてはいけない

●パステルカラーのスーツやジャケットと同じ色の靴

多くの女性たちがいちばん犯しやすい過ちは、靴の色を明るい色や薄い色の服にぴったり合わせてしまうことです。同じ色でも一段階濃いトーンを選べば、よりプロフェッショナルに見えます。

●ブーツ

ブーツは、ビジネスには効果的ではありません。2年に1度、ファッション業界はブーツを復活させ、ブーツはビジネスでも履くことができる、と女性たちに宣言していますが、そんなことはありません。最もコンサバティブなブーツでさえ、すばらしく効果的なわけではありません。

北部で働く女性で、みぞれや雪の中を歩かなくてはならない場合はオフィスにブーツを履いていってもよいですが、到着したらすぐに脱ぎましょう。

通勤だけに履くとしても、コンサバティブなカッティングと色でなくてはなりません。最も効果的な色はブラウンと黒です。

●ミュール、バックストラップ、ハイヒール

オープントウやバックストラップの靴は、カジュアルすぎるかドレッシーすぎるかのどちらかで、オフィス向きではありません。最先端のデザインで、特にとても高いヒールや尖がったトウの靴を履くと、足もキャリアもめちゃくちゃになってしまう可能性があります。

ただし、ハイヒールで得をする人もいます。背の低い女性です。ハイヒールを履くことで存在感が高まり、威厳のある印象を与えることができるからです。

ハイヒールがいけないのは、それを履くと女性は胸を突き出すような姿勢になり、非常にセクシーに見えるからです。背の低い女性がハイヒールを履く時はゆったりした形のジャケットを着ましょう。

●ウォーキングシューズ

ニューヨーク、シカゴ、ロサンゼルスなどの一部の大都市では、ランニングシューズやウォーキングシューズは、ワーキングウーマンの通勤靴としてかなり定着したようです。当初は、私は断固それに反対しましたが、もう反対はしません。

ただし、性別を問わず、ウォーキングシューズをオフィスに履いてくるのは不適切だと考えている人が、少ないパーセンテージですが、まだ存在するのは確かです。

したがって、あなたのオフィスでほとんどの女性エグゼクティブや専門職の女性がランニングシューズを履いているなら、まあ大丈夫ですが、あくまでも、「まあ大丈夫」というレベルです。

パンティストッキングは肌色

仕事に履いていけるパンティストッキングの幅は、かなり広くなりました。それでも相変わらず、肌色のパンティストッキングが最もよい調査結果を出しています。黒やネイビーも同じ色のワンピースやスーツと合わせれば効果的だということがわかっていますが、それはスリムな若い女性の場合だけでした。

メッシュや柄の入ったパンストを仕事に履いていくのは、絶対にやめましょう。

こうしたストッキングを履いていても成功する可能性があるのは、女性最古の職業の人たちだけです。

Winter Coats
コートのルール

キャメルかライトグレーのラップコートがベスト

コートを買うのはいわば投資です。１９２０年代以来、４つか５つのクラシックなデザインが入れ替わり立ち替わり流行しましたが、きちんと仕立てられたコートは少なくとも10年はもちます。ビジネスに効果的な素材やスタイルはたくさん挙げられますが、よい調査結果を出したのは、ウール素材の、トラディショナルでコンサバティブなコートでした。

コートスタイル
のコーディネイト例

コンサバティブなカッティングのコートであれば、薄い色や明るい色でもかまいませんが、私はあえてお勧めしません。トラディショナルなメンズのビジネスウェアに見られるニュートラルな色のほうが、何にでも合わせられ、役に立ちます。

黒やネイビーは豪華に見える上、さまざまなアイテムと合わせやすいのですが、細かいごみが目立ちやすくて非実用的です。

キャメルとライトグレーのウールのラップコートが調査結果のベスト2で、着る人が権威のあるプロフェッショナルであるという印象を与えました。

ただし、理想体重よりも5、6ポンド（2、3キロ）多い人は、ラップコートは太って見えますからやめておきましょう。

最高級品店で買う

女性たちにどこでコートを買ったか、いくらそれに払ったか尋ねた時、私たちはいくつかの発見をしました。最良のコートは有名なデパートやトラディショナルなメンズウェアの店の婦人服コーナーで買ったものでした。最高級品店は、コートを買うには最も安心な場所でした。高価ですが、ちゃんと仕立てられたコートがほとんどでした。

ただし、デザイナーの名前が入ったコートでも、払った値段だけの価値のあるコートと、実際の価値より値段がかなり高いコートに分かれました。

コートを買う時何に気をつければよいかわかっていれば、メイシーズ（訳注　アメリカの老舗百貨店。庶民的な品ぞろえで多くのファンを持つ）やJ・C・ペニー（訳注　アメリカ小売業最大手のひとつ。百貨店、カタログ通販、ドラッグストアなど全米に1000店舗以上展開）で、すべての点で最高級品店のコートに引けを取らないコートを、その何割かの価格で買えます。

素材はビキューナかカシミア、上質なフェイクファー

ステイタスのあるコートが必要な専門職のトップかエグゼクティブで、毛皮を着る気がない人は、ビキューナ（訳注　ラクダの一種。非常に高価）か、カシミア、上質なフェイクファーなど、高価な素材のオーバーコートを買うべきです。

毛皮は危険！

仕事に行く時、ビジネスの会合に出席する時には、毛皮のコートを着ていかないように改めて忠告します。

私は今も毛皮を着るのは危険だと思っています。毛皮のおかげで取引が成立するケースより、取引がだめになるケースのほうが多いはずです。成功する服の第一のルールは、服にビジネスの邪魔をさせない、ということなのですから。

小さくなったコートを着続けない

コートがきつそうに見えたり、小さすぎるように見えてはいけません。調査結果がひどかったのはほとんど、太った女性が太る前のサイズのコートを着ていた、というケースでした。たとえコートを買い換えていたとしても、サイズが同じままだったのです。

下に着ているものが隠れる丈

コートの丈も考慮するべき要素です。短いコートはビジネスには効果的ではありません。カーコート（訳注　クルマに乗ることを意識したスポーティで機能的なショートコート）やボマージャケット（訳注　もとはアメリカやイギリスの空軍爆撃機の操縦士が着用したレザーのフライトジャケットの一種）は、家に置いておきましょう。

冬のコートは、下に着たものが何であっても隠れる長さでなければいけません。

コートの丈と収入の高さは比例する？

冬のコートを何枚か持っているなら、そのうち1着は、床に届くほど長い丈のドレスの上からでも着られるデザインでなくてはいけません。ロングドレスがすっかり隠れるほどでなくてもかまいませんが、それに近い長さであるべきです。

昨年ニューヨークで行った調査では、回答者たちにソシアルダンスのフロアの外に立ってもらい、出席した女性たちのドレスについてコメントを聞きました。冬でしたから、ほとんどの女性たちがフォーマルなドレスの上にコートを着ていました。女性たちをある会社の従業員とした上で、彼女たちがどんなポストについているか、収入はいくらぐらいか、回答者たちに想像してもらいました。

その結果、ポストも収入も、女性たちの年齢よりもコートの長さに大きく影響されていました。コートの丈が長い女性たちは全員、エグゼクティブだと思われました。低いレベルの従業員だと思われることが最も多かったのは、ひざ丈のコートの女性たちでした。

その反応に驚いた私の調査員たちは、長いドレスと短いコートのコーディネイトに、「田舎者のフォーマルウェア」というあだ名をつけたほどです。

Rainwear
レインコートのルール

レインコート

最も効果的なレインコートは、ベージュのベルト付きのタイプです。男性にとって効果的な色はベージュだけですが、女性は黒を含め、コンサバティブな色なら何でもかまいません。

ゆったりした形のものでもよいですし、シングルでもダブルでも、ベルトやバックル、肩章などがあってもなくても、同じように効果的です。

実用的であるためには、最低ひざ下3インチ（約7・5センチ）の丈が必要です。

素材にも特に決まりはありませんが、雨合羽のような素材のもの、テカテカに表面加工がされているものは、形がどうあれ問題です。

重ねて書きますが、ベーシックなデザインにこだわって選べば、失敗しません。

Briefcases ブリーフケースのルール

エグゼクティブ・ウーマンの象徴

ブリーフケースは、革製エンベロープバッグ（訳注　郵便封筒のような細長い形で、封筒のフタのような口のバッグ）、ポートフォリオ、アタッシュケースなどのバッグの総称で、エグゼクティブや専門職の女性の象徴のひとつです。

61人の女性たちに1日おきにブリーフケースを持ってもらい、それによって周囲の扱いがどのように変わるかを調査しました。

彼女たちによると、ブリーフケースは特にカジュアルな装いの時やセールスで外回りをする時に役立ったということでした。ブリーフケースを持っていると、ウェイターやホテルのフロント係、その他のサービス業に携わる人たちからよい扱いを受けたそうです。ブリーフケースが、能力のあるビジネスウーマンであるというイメージを与えたのは明らかです。

すべてのブリーフケースが効果的でしたが、予想通り、高価なもののほうがより効果的でした。ホテルのフロント係やベルボーイを感心させるには65ドルの革製ブリーフケースで十分でしたが、多くのエグゼクティブや高級レストランの支配人に感銘を与えるには、数百ドルするブリーフケースが必要でした。ただし、1500ドルのオストリッチのブリーフケースを、その価値を知らない人を感心させるために買うのは無駄です。

この調査に参加する前は、デザイナーズブランドのブリーフケースや、見るからに高価なブリーフケースを持っていたのは61人の女性のうち7人だけでしたが、調査が終わって30日後に聞いてみると、9人がそのような高級ブリーフケースを実際に購入し、さらに6人が購入を検討していました。

44人が高級なブリーフケースを買うのはよい投資だと思う、と答え、今後ブリーフケースが必要になったらお金をかけて上質なものを買うだろうと言いました。また、49人がもしこれから仕事を始める娘がいたら、いいブリーフケースを買ってあげたい、と答えました。

さらに、調査を行った調査員たちも、自分のキャリアにおいてブリーフケースにお金をかけるのは一種の投資だと信じるようになりましたし、その影響で私もそのように信じています。

トップ・エグゼクティブはポートフォリオバッグ

多くのトップ・エグゼクティブの男性たちはシンプルな革製エンベロープバッグを持っていて、それがステイタスとなっていますが、女性は違います。女性が持つと、エグゼクティブのアシスタントか秘書、セールスウーマンだと思われてしまいます。

女性トップ・エグゼクティブや専門職が好んで持つのは、ポートフォリオです。

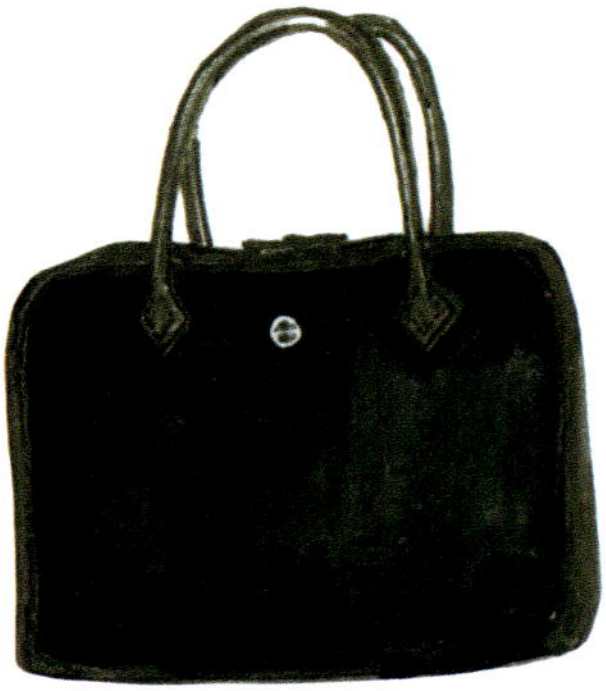

ブリーフケース
のビジネスファッションに適したデザイン例

複数の革製エンベロープを連ねてショルダーストラップや持ち手をつけたもので、素材が柔らかく軽いから、というのが多くの女性が口にした理由でした。

ポートフォリオがはちきれそうになるほど大量の書類を持ち運ばなければならない専門職の女性は、普通はポートフォリオより少し大きめのブリーフケースか、ハードな素材のかなり大きなアタッシュケースを持ちます。

しかし、弁護士以外の職業の一般の女性は、男性用のように大きすぎるブリーフケース（アタッシュケースでも、ポートフォリオでも）は買わないこと。男っぽく見えるからです。

会社の不文律に従う

実際何を持つかについて、いちばんよいのは、リーダーの真似をすることです。あなたが働く業界や企業が、あなたのレベルの女性に持って欲しいと期待するバッグがあるのなら、それを持たなければいけません。

4社のうち1社は、バッグのタイプについて不文律があります。ある金融会社では、経営陣の女性はほとんど全員グッチのブリーフケースを持っていますし、副社長たちの大多数がマーク・クロス（訳注　アメリカの老舗鞄メーカー）のブリーフケースを持っている会社もあります。

このような決まりごとがあると聞いて憤慨する女性も多いのですが、怒ってはいけません。これは、力のある立場の女性は、自分の持ち物がどう見えるか細かく気を使っていることの現れです。

男性エグゼクティブは、長年にわたってそのように自分の身のまわりをマネージしてきたのです。

Handbags
バッグのルール

かつてバッグを持つビジネスウーマンは、有能に見えませんでした。特にブリーフケースをいっしょに持っている時は、無能なイメージを与えました。今では、ビジネスにふさわしいバッグは、女性エグゼクティブや専門職の女性たちのユニフォームの一部であり、どこへ持っていってもかまいません。

素材、デザイン、サイズ、色

ビジネスウーマンに最も適したバッグは、見るからに高価な、短い持ち手と取り外しのできるショルダーストラップがついたバッグです。基準となるサイズやデザインは特に決まっていませんが、調査結果が最もよかったのは幅9インチ・高さ5

ハンドバッグ

のビジネスファッションに適したデザイン例

インチ・奥行き3インチ（幅約22・5センチ・高さ12・5センチ・奥行き7・5センチ）で、4つの角は丁寧にしっかりと作られていて、すっきりとした形で、底面で立たせられるタイプのものです。

最高の素材は革です。有名ブランドのロゴつきであっても、同じブランドなら、ビニール製や布製よりも革製が効果的です。

最も効果的な色はブラウン、ベージュ、黒とネイビーですが、効果的な色はほかにもあります。パステルカラーや明るい色のもの、ドレッシーすぎるデザインのものは、夏であってもビジネスには向きません。

特に白いバッグは上質なものでさえ、使い始めた途端に使い古したような感じになってしまいます。くたびれているように見え始めたら、絶対持ってはいけません。

デザインと価格

1990年から、私はさまざまなバッグについて、女性エグゼクティブや専門職の女性からなる3つのグループに協力を依頼し、調査を行いました。

彼女たちは、バッグが大きすぎたりフェミニンすぎたり、安物だったりすると、ビジネスにふさわしいバッグを持っている時ほど尊敬の念を持って扱ってもらえない、と言っていました。また、どのハンドバッグがビジネスにふさわしく、どれがふさわしくないか、誰でもわかるはずだと言いました。

Other Items
その他のアイテムのルール

帽子

ヒラリー・クリントンや英国女王、その他ごく数人の女性を除けば、ビジネスウーマンは帽子をかぶりません。一時期、帽子はとても人気がありましたが、かぶったり脱いだりするのが煩わしく、ビジネスシーンからはほとんど消えてしまいました。

帽子を持っている女性たちを調査してみると、5、6回かぶっただけで家に置きっぱなしであることがわかりました。帽子を買ったことがない人は、そのまま節約しましょう。

手袋

ビジネスウーマンに最も適しているのは、革かスエードの手袋です。最も効果的な色はブラウン、ダークブラウン、黒、そしてグレーです。他の手袋はほとんどが、悪い調査結果でした。

社交的な場のためのコーディネイトなら、革手袋でもよいのですが、もっと女らしく見える他の柔らかい素材でも効果的です。ぴったりした手袋は間違いなく、女性の手をとても魅力的に見せてくれますし、長手袋はどんなコーディネイトもフォーマルな印象にしてくれます。

財布とゴールドかプラチナかブラックのクレジットカード

ビジネスに最も効果的な財布は、デザイナーズブランドのものです。高級な革を使った財布でもかなわないステイタスを持っています。奇妙に聞こえますが、上質な革のバッグからおそろいの革の財布を出すよりも、上質な革のバッグからデザイナーズブランドの財布を出すほうが、まわりの人を感心させることができます。バッグとおそろいの財布である必要はありません。

とはいえ、どんな財布でも、ビジネスで最も役に立つのは、中身です。ビジネスウーマンは、少なくとも銀行が発行するクレジットカードとステイタスのあるクレジット会社のカードの2枚を持つべきです。できれば、ゴールドかプラチナ、またはブラックのカードです。あなたがすでにある程度の成功をおさめたことを人々に示してくれるのです。これはとても有益です。

エグゼクティブにふさわしい馴染みのレストランを持つ方法

エグゼクティブ・ウーマンには、いつもあなたを女王のように扱ってくれ、自然に振る舞いながら、ゲストを心地よくもてなし、感銘を与えることができるレストランが必要です。

客の服装がレストランの態度に影響するかどうか、さまざまな服装の女性たちを送り込んで調査したところ、やはり服装によって差が出ることがわかりました。エグゼクティブや専門職らしい服装だと、主婦や秘書に見える服装の時よりもよい扱いを受けるのです。

しかし、どんなに立派な服を着ていても、男性と同じように扱ってもらえるわけではありません。支配人やウェイター、ウェイトレスは、本人たちがどう言おうと、女性は男性ほどチップを弾むことはない、と言いました。

ほとんどの女性は、会社の予算を使える時だけチップを弾みます。彼女たちは、前回クライアントをもてなした時にチップをけちったレストランに、またクライアントを連れて行く、という過ちを犯します。自然と応対は悪くなります。

いつも多すぎるくらいチップを弾むレストランを1軒、持つべきです。いつもよいサービスを受けたいと思うなら、それが唯一の方法です。

CHAPTER

6

BY Scene

シーン別ルール

私たちが行う調査のひとつに、「Dress for Success Diary」（巻末にビジネスファッションダイアリーとして添付）を使う方法があります。対象となる女性に、毎朝、身につけるものを細かい説明つきで記録してもらい、また、1日の終わりには、上司や同僚、部下、クライアントやスタッフからどんな扱いを受けたか記録してもらうものでした。このダイアリーによって、服装によってまわりの人たちから受けた扱いがどう異なるかを知るのが目的です。

さて、調査では想定外の発見をすることがたまにありますが、数少ない女性管理職候補となっている、特にすぐれた女性たちを対象に調査をしていた時のことです。ちょっとしたデータ整理上の手違いから、当初、目的とはしていなかった、思わぬ傾向を発見しました。

女性たちは皆、カジュアルな服装をしていた日に、まわりから軽く見られたり、プロフェッショナルとしての能力を疑われたりすることが多かったのです。

この事実を詳しく調べるために、私たちは、さっそく別の調査を行いました。男性と女性の写真を組み合わせて、その能力などの違いを聞くものです。私たちはそれを「双子調査」と呼びました。どちらにもスーツを――女性はスカートスーツ、男性はトラディショナルなメンズスーツ――を着せ、男性のほうが背が高くて太っている、といったような、性別からくる差を除けば、すべての条件が同じになるような写真を用意しました。そして、その写真をさまざまな業界のビジネスパーソンに見せ、どちらが副社長でどちらがアシスタントに見えるか、どちらがトップのポストにつくことになりそうだと思うか、などの質問をしました。男性のほうが、やや有利な結果が出ました。

ところが、女性も男性もジャケットを脱いだ状態では、常に男性が圧勝しました。回答者の80％から90％が、男性のほうを力と権威のある人物だと見なしました。

男性も、カジュアルな服装で社内の初対面の人と仕事をする時は、少し軽く見られることがあります。一方、女性の場合は、完全に軽く見られてしまうのです。

１９９０年代以降、多くの企業がカジュアルな服装での出勤を認めるカジュアルデイを設けるようになり、カジュアルなドレスコードを持つ業界もあります。

これは別に、女性を排除しようとする男性の陰謀ではありませんが、最も賢い女性排除主義者が女性を権力から排除しようとしても、これ以上効果的なものは考えつかないでしょう。あなたの会社がカジュアルなドレスコードを採用しようとしたら、異議を唱えなくてはなりません。

By Scene

成功のための
ビジネス
社交着の
ルール

Social Outfit
ビジネスの社交着の重要性

社外イベントやビジネスの社交の場の服装で社員を見極める

エグゼクティブや専門職を目指す女性にとって、カジュアルデイ以上に頭の痛い問題は、ビジネスの社交の場、社外イベント、クリスマスパーティなどフォーマルでない集まりにどんな服装で行けばよいか、ということでしょう。

調査を始めた当初は、私はこのような機会に着る服装がキャリアにもたらす影響は、普段のビジネスでの服装ほど大きくないだろう、と思っていました。が、12社の企業の経営陣のトップにインタビューしてみて、自分が間違っていたことを認識しました。インタビューした多くのエグゼクティブが、こうしたイベントは有望な若い社員を評価するための機会でもある、と答えたのです。

『フォーチュン』誌トップ500社のひとつの社長は、これについて、「以前は若い女性社員の服装を見れば、彼女がどの程度洗練されているか、正確に見極めることができました」と、私に言い、さらにこうつけ加えました――「あなたが全女性に『ビジネスで成功する服』を着せてしまう前までは」。

私の「マニュアル」のおかげで、彼女たちがどんな環境で育ったか、服装からは正確に判断できなくなってしまったのだと言うのです。

このため、エグゼクティブ候補をスカウトする機会として、夕食付きのダンスパーティ、オフィスでのパーティやリゾート地での会議など社外イベントを利用することにしたそうです。カジュアルな服装を見て、誰が洗練されているか判断します。洗練された人は、これらの社外イベントでは行儀よくしているべきだとわかっています。だから彼らは、こうした集まりを「犬の品評会」と呼んでいました。

最低限守るべき10のルール

「Dress for Success Diary」を使った調査によって、私たちはビジネスの社交の場での服装を選ぶ上で役立つ10カ条といくつかの提言にたどり着きました。

①同僚から浮かないこと。とけ込めるような服装であること。
②TPOに合う服装をすること。フォーマルな夕食付きダンスパーティに出席するなら、フォーマルドレスです。
③お財布が許す限り高価なものを着るべき。普段のビジネス着を高級な店でそろえているのなら、カジュアルビジネスウェアも同じレベルの店で買うこと。
④色もデザインも、育ちのよい印象を与えるものでなくてはいけません。

⑤カントリークラブに出入りするような環境で育った女性でなければ、間違いを犯す危険性が高いことを自覚すること。それを避けるのに最もよい方法は、街で最もコンサバティブなメンズウェア店の婦人服売り場で、トラディショナルな服を買うことです。

⑥綿、ウール、絹、麻などの天然素材か、天然素材に見えるものであること。

⑦セックスアピールをしない服であること。特に、とても魅力的でセクシーな女性は、セックスアピールを抑える服を探すのに、時間とお金をかけましょう。

⑧同僚の半数よりコンサバティブな服装をすること。

⑨見るからに高価そうな、トラディショナルでビジネスにふさわしいアクセサリーをつけること。コーディネイトにステイタスと権威を与えてくれます。

⑩ビジネスの社交の場でのレジャーウェアには、毎日仕事に着ていく服と同じ程度の金額を使いましょう。

毎日カジュアルな服装で仕事に行く人でも、カジュアルデイであっても、オフィスにジャケットを置いておくべきです。どんなにカジュアルなコーディネイトでも、上にジャケットを着るだけで権威を感じさせる、ビジネスにふさわしい装いになります。ネイビーのブレザーがお勧めです。

次に守るべき8つのルール

①トラディショナルな色、デザインの服を選ぶこと。

②ブルーのブラウスにベージュのスカートなど、男性のトラディショナルなスポーツウェアと同じようなカラーコーディネイトにすること。

③最新流行のファッションは避けなければなりません。

④大人気の最新ファッションだとしても、奇抜な服は避けなければなりません。

⑤暗い色を選びましょう。コーディネイトの中心になるアイテムが暗い色であれば、責任ある立場の人間だ、という印象を与えることができます。

⑥部外者のように見えないように気をつけた上で、同僚たちよりもフォーマルな服装をしましょう。

⑦無地の服を着ましょう。プリントや柄物はやめましょう。どうしても柄物しかないのなら、細かい柄がベストです。花柄のような、トラディショナルでフェミニンな柄は避けましょう。

⑧50歳以下の人は、かかとの低い靴を履くのはやめましょう。

休日の社交着
のコーディネイト例

Business Lunch
ビジネスランチのルール

成功したビジネスウーマンたちのほとんどは、ビジネスランチにはオフィスに行くのと同じスタイルで出かけます。

63%が、ランチのために特別な努力をするようなことはないと答えました。普段からコンサバティブでエレガントな服装をする人なら、そのままで大丈夫ですが、上司や大切なクライアントと昼食をともにすることが事前にわかっている日は、いつもオフィスへ着ていく服の中でも特に高価でスタイリッシュなものを着ていくほうが賢明だと思います。誰でも、いっしょに昼食をとった時はほかの時よりもずっと正確に相手の服装を覚えているものだからです。

ビジネスランチ
のコーディネイト例

また、多くのレストランでは、きちんとした服装をしている人をいい席に通すはずです。逆に、服装がみすぼらしい時は厨房のドアの脇の席に通されます。

支配人に尋ねてみると、彼らはスタイリッシュで魅力的な女性をレストランの装飾として利用するのだということでした。特にそのような習慣がない支配人でも、エレガントな女性にはいい席を用意していました。

Social Party
ビジネスパーティのルール

大切なビジネスランチの日はスタイリッシュに装うほうがよい、という程度ですが、アフター5のパーティに参加する時は、ドレッシーなアクセサリーに合うスーツ、あるいはワンピースで、グレードアップするべきです。

ビジネスパーティに頻繁に出席していた成功したビジネスウーマンを対象とした

ビジネスパーティでのスーツスタイルのコーディネイト例

フォーカスグループ・インタビューによって次のような実態が得られました。

- 半数近くは、スタイリッシュで高価なスーツやワンピースで出勤し、パーティの前にゴールドのラメ入りなどドレッシーなブラウスに着替え、ゴールドかパールのネックレス、ゴールドのイヤリング、ドレッシーな小型のハンドバッグ（黒のサテンなど）を身につけていました。
- 3分の1の女性たちは、**ジュエリーやバッグをパーティ向けに変え**、ビジネスの服装をパーティ用にちょっとアレンジする程度のことは行っていましたが、ラメ入りのブラウスなどのアイテムはやりすぎだと考えていました。
- 残りの女性たちは、まわりから浮かないようにしながらも、ビジネスでのイメージそのままでパーティに出席していました。

完全に着替えていくのはやりすぎ、そのままでは野暮ったい

さらに、エグゼクティブのフォーカス・グループのメンバー41人に、2、3回アンケートに答えてもらいました。また、そこで使ったのと同じ写真を、同じような企業の男性エグゼクティブに見せて、写真の女性たちがどんなポストについている

ビジネスパーティでのワンピーススタイル
のコーディネイト例

か、どの程度仕事ができるか想像してもらいました。こうしたＴＰＯに写真の女性たちの服装がふさわしいと思うかどうかもコメントしてもらいました。

すると80％以上が、ビジネスで着ていた服を少しだけアレンジした女性を、最も仕事ができる成功した女性たちだと考えました。

完全に着替えた女性たちはやりすぎだと思われ、普段と同じ装いの女性たちは野暮ったいと思われました。

ビジネスパーティは楽しむ場ではなく、品評会

フォーカスグループのエグゼクティブの女性たち、そして男性エグゼクティブたちは、いくつかの点で共通した意見を持っていました。社交的なビジネスの場での服装について最も心に留めておくべきことは、それが「品評会」であるということだ、という点です。

そこへはパーティを楽しむために行くのでなく、人を見るため、人から見られるために行くのです。

メイクアップやジュエリー、バッグ、バッグと合わないのなら靴も変えてからパーティに出席するべきです。ブラウスやパンティストッキング、コートも普段とは

違うものにするほうがよいのです。

が、ワイルドなヘアスタイルや過剰なアクセサリーやメイクアップ、濃すぎるマスカラなど、安っぽくセクシーに見える可能性のあるものは避けてください。

Formal Party
フォーマルパーティのルール

公共の場でのパーティならイブニングスーツ

招待状にブラックタイ着用、と書いてあったら、フォーマルウェアを着て出席して欲しいということです。男性にはこういう場合の決まった服装がありますが、女性にはありません。それでも選択肢は限られています。

個人のお宅でのブラックタイ着用のディナーなら、床まで届く長さの黒いスカートに白いブラウスが成功したビジネスウーマンのお気に入りです。

公共の場でディナーが行われるなら、イブニングスーツをぜひお勧めします。高価でエレガントな素材の、床まで届くスカートとおそろいのジャケットのトラディショナルなタイプなら、フェミニンで育ちのよい印象を与えるだけでなく、なぜかビジネスにふさわしい印象を与えます。

さまざまなパーティウェアを着た女性の写真を見せ、どの女性がエグゼクティブだと思うか尋ねたところ、イブニングスーツを着た女性たちの得票が半数を超えました。

フォーマルドレスならイブニングジャケットが必須

女性エグゼクティブに写真を見せると、ブラックタイ着用のダンスパーティのために床まで届く長さのフォーマルドレスを選んだ女性が最も多かったのですが、男性エグゼクティブはその一部を露出度が高すぎると考えました。

男性エグゼクティブも女性エグゼクティブも、ドレッシーなジャケットやストー

フォーマルパーティでのイブニングスーツ
のコーディネイト例

ルにドレスというコーディネイトは、ジャケットを脱がなければ適切だ、と言いました。

男性の96%、女性の77%が、社交的なビジネスの場でジャケットを脱ぐのは間違いだ、と考えました。

ブラックタイ着用のレストランでのディナーにドレッシーなジャケットとフォーマルドレスで出席する場合は、ずっとジャケットを着ていなくてはいけません。

濃いブルーか黒、えび茶。そして、見るからに高価であること

インタビューした3つのグループの大多数が、フォーマルでコンサバティブなデザインがベストだと考えていました。

最も調査結果がよかった色は、ミディアムブルーからダークブルーまでの濃いブルー、黒、そしてえび茶でした。が、適切な服装ならこれらの色に限らなくてもよいでしょう。イブニングスーツやジャケットつきのフォーマルドレスはほとんど、もともと上質な印象を与えるアイテムなのです。

この調査結果によって、私は他のすべてのルールを超えるあるルールを発見しました。それは、フォーマルウェアは上質な印象を与え、見るからに高価なものでなければならない、ということです。お金がかかっているように見えない服装で、こうしたパーティに出席するのは絶対にやめましょう。

Company Outing
社員旅行・社外研修のルール

男性には、社員旅行や社外研修用の制服があります。スラックスとゴルフシャツです。ゴルフコースだけでなく、会議でも着られます。

女性の場合、同じようなゴルフウェアのプレッピースタイルが最もよい選択です。

ほとんどの女性にとって、会議用やゴルフ用の服として理想的なのはゆったりしたスカートと綿のブラウスのコーディネイトで、男性たちのスタイルに近い印象を与えるものです。

予定されているイベントをチェックしましょう。カクテルパーティやディナー、夕食つきダンスパーティのための服装が必要かもしれません。

女性たちが見過ごしてしまうのは、スポーツやアウトドアには特別な服装が必要だということです。あなたの所属する部がソフトボールで他の部と対戦するなら、プレーしないわけにはいかないでしょう。

ソフトボールをやるには走っても大丈夫な靴、スポーツシャツ、激しい運動に耐えるだけでなく女性的な体型を強調しないデザインのパンツが必要です。

Vacation Wear
スポーツウェアのルール

私たちは、レクリエーション活動に参加する時どんな服装をするべきか、多くの女性から質問を受けました。そこで、この件についてさらに調査を行いました。

中年男性たちが競技場で行うスポーツに参加したいのなら、あらかじめレッスンを受けて練習を積んでおきましょう。投資するだけの価値はあります。

10人中9人の女性エグゼクティブが、娘がいればテニスかゴルフを恥ずかしくない程度にプレーできるように習うように勧める、という意見でした。

恥ずかしくないプレーができるように練習しておくだけでなく、ビジネスゲームとしてのゴルフの方法を学ぶことも必要です。

3つのフォーカスグループすべてで、女性が必ず男性に勝ちを譲らなくてはいけないかどうか、活発な議論が交わされました。全員に共通していた意見は、男性はどのゲームも、上司やクライアントにわざと勝たせる、ということでした。グリーンでの負けが会議室での勝利に結びつくなら、当然でしょう。

ゴルフウェア

女性のベーシックなゴルフウェアは、ゴルフスカートと背中の中央にプリーツをとった専用のブラウスのコーディネイトです。パンツのほうが快適だという人はパンツでもよいですが、豊満な体型の女性はやめたほうがよいでしょう。

ゴルフシューズ、ゴルフキャップ、グローブも必要です。寒い日には、男性はコースでセーターを着ます。女性の場合は、セーターより薄いナイロンジャケットの方がよいでしょう。上品な色であることは言うまでもありません。

ゴルフウェア
のコーディネイト例

水着

最近の女性用水着には、お尻が露出するようなカットのものがあります。仕事で旅行に行った時には、このような水着を着てはいけません。

ビジネスマンとビジネスウーマンにさまざまな水着の写真を見せたところ、女性たちはコンサバティブなデザインのものがビジネスにふさわしいと考えました。

多くの男性はワンピースのほうがツーピースよりもビジネスにふさわしいものの、スタイルのいい女性ならツーピースを着てもよい、と考えていました。

けれども、多くの女性エグゼクティブたちは、その意見に反対しました。彼女たちは、社員旅行ではコンサバティブなワンピース水着以外は着るべきでない、と言いました。成功したビジネスウーマンの76%が、胸元が広く開いていたり露出度が高かったり、ボトムがハイレグカットだったりするツーピース水着は、仕事がらみのイベントでは着ない、と言いました。

また、多くの女性がブラカップ付きの水着しか着ない、という意見でした。セクシーな印象を与える女性たちの中には、通常の水着のブラジャーよりサポート力のあるブラジャーが欲しいという人もいました。

スイムウェアのコーディネイト例

言うまでもなく、どこのビーチやプールでも、水着の上に羽織るウェアやサンダルが必要です。良質なホテルなら、プールへの行き来には趣味のよいウェアを水着の上に羽織らなければいけないはずです。

調査結果が最もよかったのは、トラディショナルな無地の水着でしたが、コンサバティブな水着ならどんな色や柄でも上からビーチウェアを羽織ればよいでしょう。

ボート遊びには、専用のデッキシューズを

ボート遊びには、トップサイダー（訳注　デッキシューズの全米ナンバー1ブランド）のデッキシューズや滑り止めのあるスニーカーを履いていきましょう。デッキを歩いても大丈夫なように、特別にデザインされた靴を買うようにお勧めします。

私はある企業の社長から、茶色のラバーソールのスニーカーを履いた若い女性の話を聞いたことがあります。

彼女が歩くたびに、デッキの上には茶色い足跡がついたそうです。そのボートは社長のものでしたから、あまりよい気分ではなかったそうです。彼女は二度と招待してもらえないでしょう。

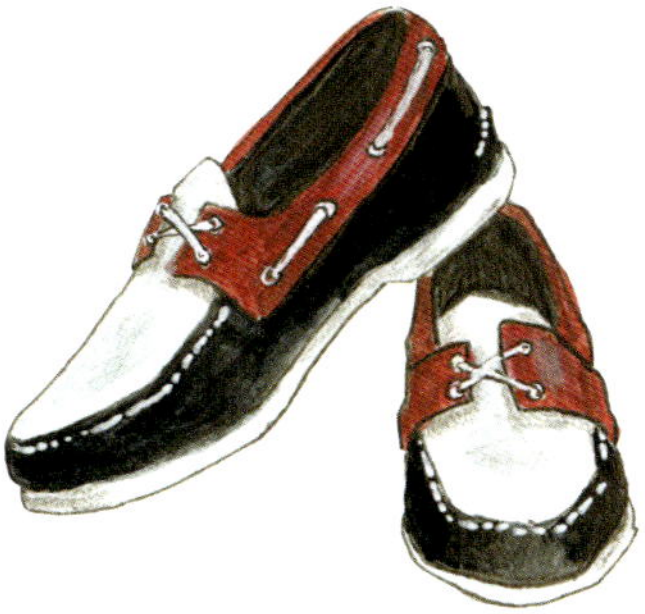

デッキシューズ

ビジネスファッションに適したデザイン例

綿のシャツやパンツならほぼ何でもOKですが、ボート遊びは暖かい季節のレジャーですから、夏らしい色がよいでしょう。

デニムでも大丈夫ですが、トラディショナルな鋲のついたパンツは絶対に避けましょう。デッキに引っかき傷を作る可能性があります。

テニスウェア

もうウェアは白だけ、というルールに従う必要はありません。プロのおかげで、世界最高レベルのテニスクラブでもさまざまな色が許されるようになりました。それでも心配なら、白か、白にアクセントカラーが入ったウェアを着ましょう。

注意点がひとつあります。一部のプロは露出度が高い、お尻がちらちら見えるスカートをはきますが、プレー中にお尻が見えない程度の長さであるべきです。

スキーウェア

オリンピックのスキーヤーが着ているようなぴったりしたスキーウェアは、着られません。仕事でつき合う人たちとスキーに行くなら、ジャケットにパンツ、グローブと帽子といったトラディショナルなスキーウェアを着るべきです。

クラブのドレスコードを知る

エグゼクティブのレクリエーションの多くは、カントリークラブやヨットクラブで行われます。

テニスやゴルフの後のイベント――カクテルパーティやダンスパーティ――にも招待されるかもしれないと思ったら、それにふさわしい服装を用意しておかなければいけません。クラブでの食事にふさわしい服装なら何を着ても大丈夫だと思います。スポーツバッグにスポーツ用具を入れて、クラブで着替えるのが普通です。

覚えておいていただきたいのは、ほとんどのクラブでは日中はカジュアルでOKでも、夜には服装のルールが決まっているということです。クラブによってルールは違いますから、そのクラブのルールがはっきりとわからない場合は支配人を呼びましょう。

オフィシャルであってもなくても、ドレスコードがあるかどうか尋ねてください。喜んで力になってくれるでしょう。

By Scene
カジュアルドレスコードの罠

Casual Dress Code
カジュアルドレスコードの罠を探る

カジュアルなドレスコードは、アメリカのビジネス社会に定着しました。カジュアルなドレスコードを支持しようがしまいが、望もうが望むまいが、準備ができていようがいまいが関係なく、それが現実です。

私がざっと算出したところによると、大・中企業の60%から70%がカジュアルデイを設けるか、フルタイムでカジュアルなドレスコードを導入しました。ところが、最初に書いたように、カジュアルなドレスコードは、女性やマイノリティの人々を圧倒的に不利な状況に追い込むことが、私の複数の調査から明らかになっています。

しかしながら、これは、女性排除主義の男性たちや特権階級の人々が思いついたものではありません。起源はハワイです。一部のハワイ人たちが、民族の誇りを示すために、伝統的な自然の柄を描いたハワイアン・シャツを金曜日に着るようになったのが最初です。

その後、ブルーカラー出身の男性たちが経営するハイテク企業でカジュアルなドレスコードが導入されました。経営者たち自身が気持ちよく働くために、カジュアルなドレスコードを採用したのです。

コンサバティブなドレスコードの会社の女性のほうが収入が高くなる

1970年代に初めて私が行った調査では、コンサバティブなドレスコードの会社で働く女性のほうが、カジュアルなドレスコードの会社で働く女性よりも給料が高いという結果が出ました。

この調査の結果を受けて、私は女性たちに、コンサバティブな業界やコンサバティブな企業で職を見つけるようにアドバイスしました。同じ調査を、最近まで5回行ってきましたが、結果はいつも同じでした。

ファッション性の高い業界で働く多くの女性たちのほうが、アメリカの中堅企業で働く女性たちよりすばらしい肩書きを持っていましたが、給料は少なかったのです。

この結果を踏まえて、私は女性たちに引き続きカジュアルなドレスコードの業界や企業を避けるようにアドバイスしています。

調査でカジュアルがいかに不利か明らかに

この章もほかの章と同じく、調査結果に基づくものです。調査の理由と方法を理解してもらえれば、私が述べたアドバイスが正しいかどうか、読者の皆さんに評価してもらうことができるでしょう。

最初の調査では、2つの目的のために、クライアント企業へのヒアリングを行いました。

それは、決定権を持つ立場の人たちに、自分や部下がカジュアルデイに何を着るか、その服装が仕事の成績やコミュニケーションやチームワークにどんな影響を与えたかを尋ねることでした。

まずわかったことは、きちんとしたカジュアルなドレスコードを持つ企業など、ほとんど存在しないことでした。多くのドレスコードは、従業員たちに何を着てはいけないかを指示していただけでした。

そこで、1991年には、いくつかの企業から依頼を受けて、さまざまな企業の従業員にカジュアルデイに着るべき服について、具体的なアドバイスを与えることになりました。
この課題のため、カジュアルな環境で働く人たちの写真を集めて、さまざまな回答者のグループ——バイヤー、クライアント、管理職、一般従業員など——に見せ、写真の人たちが何をしているか、仕事がどの程度できるか、経営陣に加わるだけの潜在能力があると思うかどうか、などの質問に答えてもらいました。

さらに、ここ3年間で私たちは、一般的なビジネス社会でのカジュアルなドレスコードと、クライアントが特に興味を持った32のグループを対象に、9回の調査を行いました。

また、エグゼクティブたちに自分たちの部下をざっとチェックさせ、適切な服装、まあまあきちんとした服装、ひどい服装のどれに当てはまると思うか、意見を述べてもらいました。

最後の6カ月には、私たちは調査員をいくつかのオフィスに送り込み、その場にいたスタッフや部下の服装について、管理職たちにコメントをもらいました。私の調査員たちもその場にいたので、追加で質問することもできました。

その結果、面白いことをいくつか発見しましたので、これからお話ししましょう。

Fact 1
何でも好きな服を着ていいのではない

エグゼクティブがカジュアルなドレスコードを導入しても、それは単に服装のルールが変わっただけで根本的なルールが変わったわけではない、ということを覚えておきましょう。

彼らが、仕事に何でも好きな服を着てきてよい、と言ったら、それは好きな服を着ていても公式に叱責を受けることはない、という意味にすぎません。

そして、カジュアルな服装をしていても、フォーマルな服装の時と同じくらいまともに扱ってもらえる、という意味でもありません。

だからこそ、カジュアルな服装はカジュアルな罠なのです。

Fact 2 カジュアルドレスコードは、女性全般に不利

調査員たちは、2年以上カジュアルなドレスコードをフルタイムで採用している企業のエグゼクティブ79人に、服装のせいで昇進の候補に入れてもらえなかった女性や新しいポストにつけなかった女性が会社にいるか、尋ねました。

すると57人がイエスと答え、7人が服装は考慮される要素のひとつだ、と答えました。もっと重要なのは、この合計64人のうち42人が女性だったこと、伝統的なドレスコードのオフィスだったら昇進が見送られた人たちも昇進していたかもしれない、と認めた人が36人もいたことです。

私たちが話した女性たちの多くが、カジュアルなドレスコードは服装の選択肢を広げた、と信じていました。残念ながら、その選択肢のひとつは「失敗」なのです。

これらの企業の決定権のある人たちに、昇進を見送られた人たちの服装がどんなものか述べてもらうと、彼らはただ「まったく不適切な服装」だ、と答えただけでした。昇進させてもらえなかった女性たちは、別にひどい服装をしていたというわけではなく、プロフェッショナルらしく見えなかっただけだ、と彼らは言いました。

実際、昇進できなかった女性たちのうち数人はかなりちゃんとした服装をしている、と男性の上司からも女性の上司からも認められていました。

問題は、カジュアルな服装をしている時、重要な仕事を任せられるような人間に見えない、ということだったのです。

伝統的なドレスコードの職場で女性がキャリアアップできないのは、誰にでもプロフェッショナルらしいと認めてもらえるような服装をしていないからです。

一方、カジュアルなドレスコードを採用している職場で女性がキャリアアップできないのは、そもそもプロフェッショナルらしいスタイルとして認められるオフィスカジュアルの服装が存在しないからなのです。

Fact 3 カジュアルドレスコードは、太った女性に特に不利

最初に調査員たちが気づいたのは、上司――特に女性の上司――が、太った女性たちのカジュアルな服装について、侮蔑的な表現をしていたことです。太った女性とやせた女性が同じ服装をしていた場合でも、同じことが起きました。

調査員たちがこれを指摘すると、上司たちは、太った女性は肥満をカムフラージュする服装をするべきだ、と言いました。調査員たちが太った女性たちにとって効果的なカジュアルな服装はどんなものか、教えて欲しいと言ったところ、上司たちは答えることができませんでした。

しかし、それでも上司たちの気持ちは変わりませんでした。最後には、自分たちには関係ない、という答えが返ってきました。

これは、カジュアルなドレスコードを持つオフィスで働いている太った女性は、やせられなければ解決不可能な問題に直面する、ということを意味しています。

セクシーな女性やバストの大きな女性にも、同じようなことが言えることもわかりました。

Fact 4 上司がきちんとした服装ならそれに合わせなければならない

私たちはまた、上司が非常にきちんとした服装をしているなら、部下も非常にきちんとした服装をしなければいけない、ということを発見しました。

これは一部のカジュアル・アイテムでは簡単なことではないのですが、カジュアルであっても、簡単にシワにならない、パリッとしていてきちんとした印象を与える服、適当に組み合わせたように見えないコーディネイトを選ばなければならない、ということです。

生まれつききちんとした女性たちは、几帳面さを美徳と考えていますし、几帳面でないのは欠点だ、と考えています。

Fact 5
カジュアルデイにもコンサバティブな服装をする女性が有利

アメリカのビジネス社会はすっかりカジュアルになってしまいましたが、まじめなビジネスウーマンの多くは、逆の方向に向かっています。

管理職やエグゼクティブを対象に行ったいちばん最近の調査では、自分たちをコンサバティブだと考えるエグゼクティブや専門職の女性たちが増え続けている、という結果が出ています。そして、皮肉なことに、この傾向が最も顕著なのが、カジュアル・フライデイを採用した企業や、フルタイムでカジュアルなドレスコードを導入した企業なのです。

私たちが電話で追跡調査を行った女性たちは、カジュアルな服装を強制されてから、二流の扱いを受けるようになったと言っていました。その状況を逆転したいと思って、カジュアルデイにできるだけプロフェッショナルらしく見えるような服装をすると、驚いたことに、カジュアルな服装を続けた同僚たちよりもよい扱いを受けるようになったというのです。

こうしたビジネスウーマンたちは、男性たちが何十年にもわたってコンサバティブな服装をしてきたのと同じ理由――自分たちが有利になるという理由――で、コンサバティブな服装を続けているのです。

これが、カジュアルな服装が罠である理由です。

Business Casual
オフィスカジュアルのルール

競争相手よりきちんとした服装をしなければいけないだけだ、ということがわかっていれば、カジュアルなドレスコードも罠にはなりません。簡単なルールを守っている人が有利なのです。重複するかもしれませんが、不文律をリストにしました。

①同僚から浮かない服装をする
②組織の中で最もトラディショナルでコンサバティブな服装をした人たちの一員になる
③トラディショナルな服と同じように、カジュアルウェアにもお金をかける
④上司が男性なら、できるだけトラディショナルな服装を。女性ならそのスタイルを真似する。ただし、まったく同じ服は着ないこと

⑤育ちがよい印象を与える色、カラーコーディネイトを選ぶ。トラディショナルなメンズウェアの店の婦人服売り場で、すべての服をそろえればよい
⑥ステイタスを感じさせる、見るからに高価そうなアクセサリーを持つ
⑦ビジネスに不適切な方言がある人は、話し方のレッスンを受けること
⑧カジュアルな服装の時ほど、上品で、エグゼクティブらしく見えるメイクアップやヘアスタイルを心がけること
⑨自分の父親が、オフィスにはセクシーすぎる、と考えるような服装はしない
⑩緊急の場合に備えて、ネイビーのジャケットを1枚、手元に用意しておくこと
⑪パンツをはくのは、そうしないとチームから浮いてしまう場合、パンツをはかないとできない仕事がある場合だけ
⑫ステイタスを感じさせない服装をしている時、言葉以外の主な判断基準となるのは姿勢である。スーツは姿勢の悪さをカバーしてくれるが、カジュアルな服を着ている時は、姿勢の悪さが目立ってしまう。正しい姿勢を練習しておく
⑬男性の上司や男性の同僚に、あなたのカジュアルなビジネスウェアをチェックしてもらうとよい。自分ではコンサバティブだと思っていた服が、その男性にはセクシーすぎるとか、ビジネスに不適切だとか言われるかもしれない。男性たちは、あなたとはまったく異なる見方で世界を見ているものだ

By Scene
採用面接のルール

Fresh Graduates
新卒採用面接の服装

仕事を持っていなければ、職業に合った服装を選ぶこともできません。そこでこの章は、就職の面接のための服装に関するアドバイスから始めたいと思います（編集部注　日本には、お馴染み「リクルート・スーツ」がありますが、外資系への就職面接にはもちろん、日本の一般企業でも、転職の際の面接など、参考になる点も多いと思われるため、省略せずに掲載します）。

私がこのテーマについて調査を始めてからかれこれ30年にもなりますが、大規模な調査プロジェクトを指揮したのは15年前のことでした。さまざまな大学で講演をするうちに、いつも学生たちから就職の面接にはどんな服装をするべきか、と質問攻めにあい、調査の必要性を感じたからです。この調査によって、３つの基本的な事実が明らかになりました。

①正しい服装で面接に臨んだからといって、仕事が決まるわけではないが、不採用になる理由で最も多いのは不適切な服装である。
②服装が重要なのは、男性よりも女性。特に面接官が女性の場合。
③服装のせいで不採用になる女性の数は、男性の3倍。

調査員は、常に採用の仕事をしている男女の中から、前の年に最低４人の採用を決定した３８４人を選んでインタビューしました。応募者がどんな服装をするべきだと思うかと尋ねただけでなく、採用された応募者の服装、不採用になった応募者の服装についても尋ねました。75％は人事部に所属している人たちでしたが、ほかにも3人の会社社長、ヘッドハンターにインタビューしました。彼らはアメリカ国内のさまざまな地域で働く、異なる業界の専門家たちでした。

この調査によって、女性にとって重要なことがたくさん明らかになりました。

面接に効果的なスタイル

①どんな業界もどんな企業もほとんどが、オフィシャルであろうとなかろうと、何らかのドレスコードを持っています。そのドレスコートに合う服装の場合、採用される確率は上がります

②最も効果的なのは、コンサバティブ・シックです。良質でコンサバティブ、しかしカッティングはトラディショナルではないミディアムブルーのスーツに、トラディショナルなカッティングの白の絹のブラウス、肌色のストッキング、ネイビーのパンプス、アクセサリーは上質だが派手ではない金のチェーン。それが、大卒者の採用担当に、最も調査結果がよかったコーディネイトでした

③魅力的に見えるのは効果的ですが、美しく見えても効果はありません

④面接官が男性の場合は、メンズのビジネスウェアの色を身につけていると、採用の確率が上がります
⑤女性の面接官は、自分によく似たイメージの女性に最もよい反応を示します
⑥面接の時は、全体のイメージ構築に役立つ服を着るべきです。普段から快活な印象を持たれがちな人はコンサバティブに、逆に目立たない感じの人には快活な印象を与える服装を勧めたところ、採用される確率が2倍に増えました

面接官が男性なら応募する仕事よりワンランク上の服装をする

面接官が男性なら、応募する仕事より1ランクか2ランク上の服装をして行くのが効果的です。男性弁護士に、秘書の職への応募者という設定で女性たちの写真を見せたところ、最も適任だと認められたのは弁護士のような服装をした女性たちでした。ほとんどがスーツか、それに近い服装をしていました。別の職種でも同様でした。どうしてそんな選び方をしたのか尋ねると、お買い得品だからだ、と言いました。秘書の給料で、秘書より有能な女性を雇おうとするのです。

面接官が女性なら応募する仕事にふさわしい服装をする

女性の面接官の反応は、男性とは違います。応募者の女性には応募してきた職にふさわしい服装を期待します。秘書は秘書らしく、弁護士には弁護士らしいルックスを求めます。

だからといって、女性面接官がドレスアップした応募者を好まないわけではありません。それどころか好感を持ちます。すでにその職業についている女性が着る服の中で、最高のものを着ている人を採用するケースが最も多いのです。

フェミニンな服装は嫌われる

ただし、色やカットが少しでもフェミニンだと効力は落ちてしまいます。不採用の理由として男性面接官と女性面接官が共通して挙げたコメントで最も多かったのは、メイクが濃すぎる、香水がきつすぎるというものでした。

この調査結果を見て、『フォーチュン』誌トップ500社のひとつの採用責任者の女性はため息をつき、こう言いました。

「ジョン、自分が何を発見したかわかってる？……母は正しかった。母は私に、就職活動をする時はボーイフレンドと教会に行くような服装をしなさい、と言ったわ。魅力的でなければいけないけれど、セクシーに見えてはいけない、とね」

Executives
エグゼクティブの採用面接の服装

トラディショナルなメンズウェアの色のフェミニンなスーツで

高学歴であることが求められる仕事や管理職のポストにつながる職業に応募する女性は、スーツを着ていくと採用されるチャンスが増えるでしょう。

この時、面接官が男性の場合、トラディショナルなメンズウェアの色を着るとよいでしょう。あなたがまじめなビジネスパーソンであるという印象を与えます。

スーツを着ていない女性やファッショナブルな女性が面接官なら、フェミニンなスーツが最も効果的です。私たちがインタビューしたファッショナブルな女性はほとんど、「ビジネス・サクセス」スーツを着ている女性は採用しない、ああいう服を着る女性は自信がないからだ、と言っていました。

女性は服を個性の表現だと考えているので、自分と違うテイストの服装をしている女性を見ると、自分自身を否定されたように感じるのです。

権力のある立場にいる女性は、ピンストライプのスーツを着た男性たちとまったく同じように、自分が採用した人間は厳しいドレスコード――自分が正しいと思っている服装――に従うべきだと主張します。

事前に会社やエグゼクティブのスタイルを調べておく

誰でもできる面接への準備の中で最も重要なのは、誰が面接官か調べておくことです。それができないのなら、面接の前日の朝かランチタイムの間に、その企業の近くへ行ってみて、女性エグゼクティブがどんな服を着ているか注意深く研究することです。鏡に映したようにそっくりな服装で面接に臨んでください。努力しただけの価値はあるはずです。

多くの男性エグゼクティブは、男性よりも女性のほうが正確に女性を見抜くことができると考えているので、女性の応募者には女性の面接官を任命する場合が多いのです。

High-Fashion Jobs
ファッショナブルな仕事の採用面接の服装

スタイリッシュ・プロフェッショナルのスーツで！

ファッション性の高い企業に面接に行くなら、「スタイリッシュ・プロフェッショナル」のスーツを着ていくべきです。セクシーな服装、アバンギャルドな服装は禁物です。驚くかもしれませんが、ファッション業界の人たちは、セクシーな服装の女性や奇妙なスタイルの服を着た女性を信用しません。

ファッション業界の人も、他の業界の人たちとかなり似た反応を示します。つまり、自分たちの基準に照らし合わせて、トラディショナルな服装の応募者を採用する確率が最も高いのです。

スタイリッシュでファッショナブルなアクセサリーや小物を

フェミニンなスーツに合わせて、スタイリッシュでファッショナブルなアイテムやアクセサリーも必要です。ＩＢＭの面接を受けに来ているように見える女性は、採用されません。最新流行ではないのにファッショナブルに見える女性、服装で「私はセンスのよい女性です」とアピールしている女性が、強く心に残るのです。

そのためには、ひとつの店ですべての服やアイテムをそろえるのもひとつの方法です。高価な「スタイリッシュ・プロフェッショナル」スーツを売っている店の多くが、靴やブラウス、アクセサリーなどもいっしょにディスプレイしています。

これらのアイテムは通常、ファッションのプロの手でスタイリッシュかつ魅力的にコーディネイトされています。これこそ、ファッション業界のような「刺激的で魅惑的な」業界で必要とされるものなのです。

ただし、忘れてはいけないのは、ビジネスにふさわしい印象を与えなければならない、ということです。女性エグゼクティブ御用達だと主張している店でも、少しでも大胆なスタイルだという印象を受けたら、そこから退散して別の店でショッピングを続けましょう。

Top Managment
トップ・マネジメントの採用面接の服装

レディライクな女性が選ばれる

悪名高いガラスの天井——女性差別の見えない壁——にぶつかった途端、ルールは変わります。男性が経営陣のトップレベルのポストに応募する時はワードローブをちょっと調整するだけですむのに、女性はルックス全体を変えなければならないことが多いのです。

経営のトップレベルに応募して採用される女性たちを表現するには、「レディライク（淑女風）」という言葉が適切です。スーツを着ていても、ソフトでフェミニンな印象を与えます。彼女たちは地味とコンサバティブ、フェミニンとファッショナブルの間で、微妙なバランスを保っているのです。

トップマネジメントの採用面接
でのコーディネイト例

非常に能力のある女性たちが見えない差別の壁にぶつかって立ち往生していることを発見し、私は17の企業の社長とトップ・エグゼクティブに助けを求めました。トップのポストに応募する女性たちの写真を見せて、第一印象を述べてもらったのです。63人が男性で、9人が女性でした。

女性たちの写真に対する反応は、男性たちの反応とまったく同じでした。「レディライク」という表現は使いませんでしたが、実際「レディライク」な応募者を多く選びました。洗練された環境の出身のように見えるから適任だろう、と言って。

控えめなメイクに、襟なしビジネス・サクセス・スーツ

男女にかかわりなく、トップたちが選んだ女性はいずれも、経営陣の中間のポストにいる女性よりも少しソフトで、少しだけ長いヘアスタイルをしていました。選ばれた女性たちの半数は、控えめなメイクをしていました。中間経営陣のポストに応募してくる女性たちは面接官から見ると、濃すぎる、流行に近いメイクでした。

また、面接官たちが好感を持ったのは、トラディショナルなスーツスタイルの女性

でした。元祖「ビジネス・サクセス・スーツ」の襟のないバージョンが、楽勝スタイルでした。色は、選ばれた女性たちの一部は、ネイビー、グレー、ブルーといったトラディショナルな色でしたが、大半は胡桃色やマホガニーといった、コンサバティブでフェミニンな色のスーツでした。また、フェミニンであってもフリルのない、白のシルクのブラウスの女性が有利でした。

高価な時計とアクセサリー

調査結果が最もよかったジュエリーは、高価でシンプル、ビジネスにふさわしくエレガントなものでした。選ばれた女性のうち2人は、シンプルな真珠のネックレス、3人は見るからに高価なゴールドのチェーン、1人は、祖母からもらったブローチを首元につけていました。また、大多数が高価な腕時計をつけていました。ブレスレットをつけていたのは2人でしたが、どちらもがちゃがちゃと音を立てるような派手なものではありませんでした。

経済力がありエレガント、若々しくレディライクでいながら手強そう

要するに、彼女たちは皆、経済力豊かでエレガント、育ちがよさそうで「レディライク」に見え、しかもビジネスにふさわしい服装をしていました。

彼女たちを表現する最も的確なフレーズは、上位10ポストのひとつに女性を採用した、『フォーチュン』誌トップ５００社のひとつのある副社長の言葉だと思います。彼によると、選考に最後まで残った6人は全員、「女性らしいのに手強いタイプだった」とのことです。

調査を終えて、ほかにも共通項があることがわかりました。

①多くの女性たちがスーツを着ていました。

②服装は、経営陣の中間層にいる女性よりも権威を感じさせなかったのに、彼女たちより高いポストにいるような話し方や振る舞いをしていました。

③実際には50歳を過ぎていた女性もいましたが、50歳より若く見えました。

CHAPTER

7

By Job

職業別ルール

ここまでは主に、一般企業で働く女性を中心に述べてきました。

しかし、親しみやすさが必要なセールスウーマンと相手を威圧することが必要なトップ・エグゼクティブでは、求められる服装は異なります。

また、個性を重んじる業界で働いている人は、ここまで述べてきたより個性的な服装が求められるでしょう。実際、TVや出版、広告などのマスコミ業界で働く多くの女性は、個性的であるためにかなり努力をしています。

その結果、アメリカの基幹産業で働く女性たちとはかなり違って見えるものの、同じ業界の女性たちとは似たように見えてしまいます。


つまり、すべてのビジネスには、そのビジネスにふさわしいドレスコード——正しい服装——があるということです。


というわけで、この章では医者、弁護士、管理職、会計士などいくつかの職業のドレスコードを紹介します。これまでと同様、調査データに基づいてまとめた情報です。

会計士や報道記者、管理職に関する部分は、その業界で働く人たちへのインタビューにのっとっていますし、雇用や昇進の決定権を持つエグゼクティブへのインタビューも含まれています。

まず、5つの異なる地域の企業で働く人たちの中から、業界ごとに最低100人ずつを選び、インデプス・インタビュー（訳注　回答者それぞれの知識、経験、意見に合わせてフレキシブルに詳細な聴き取りが可能なインタビュー手法。広範な項目にわたり、詳細に深く聴き取ることができるので、調査課題が複数にわたる場合にも適している）を行いました。

ほとんどの場合、重要な決定権を持つ人たちを含む、100人をはるかに超える人たちにインタビューできました。

さらに、私たちは1164件の社内評価も資料として受け取りました。評価には、評価対象者のルックスやイメージについて、評価を行ったエグゼクティブたちにコメントを求める特別な項目を設けました。

多くの企業が、同じ人たちの評価を何年にもわたって閲覧させてくれました。その結果、私たちはイメージとキャリアアップの相互関係を調べることができました。

この章が、あなたのお役に立ちますように。

By
Job

専門職の
ファッション
ルール

Lawyers

弁護士のファッションルール

魅力的に見えることは必要だが、美しく見えることは効果的ではない

私は、女性弁護士をクライアントに持つのが好きです（編集部注　原書では陪審員への印象を中心にかなりのページを弁護士の服装に割いていますが、日米での裁判の状況の違いから、多くを割愛しました）。

ほとんど皆、服装が大きな影響力を持つことを理解しています。中でも特に賢明な人は、訴訟を起こす時、自分の与えたい印象に合わせて服を変えます。そして、判事や陪審員がどう反応したか、その詳細な記録をつけています。

たとえばメリーです。彼女は医療過誤専門の弁護士でしたが、男性向けに書いた私の著書『Dress for Success』（１９７７年刊）を読んで、手持ちのアイテムすべての写真を撮り、大学生を雇って独自に調査を行いました。さらに、学生たちに陪審員候補者たちに一連の質問をさせました。どんな服の時にどんな論争に対してどのように陪審員候補たちが反応するか調べて、対応策を練るための質問でした。

その結果、メリーは企業の代表として法廷に立つ時身につける服、もっと小規模なクライアントを代表する時に着る服を決めています。対女性陪審員の必勝アイテ

ムも持っていますし、感情に訴えかけるようなアピールをする時に役立つアイテムも持っていますし、陪審員に彼女の法律解釈を聞いてもらわなければならない時に着る服もあります。

メリーはその街で最も多くの勝訴を勝ち取った弁護士の一人ですが、その服装が、競争の激しい分野で成功をおさめるのに役立っているのは確かでしょう。

メリーの調査は、3つの点で私の発見の裏付けになりました。魅力的に見える女性弁護士はすばらしい成功をおさめますが、美しく見えることは効果的ではありません。

フェミニンな服は人の感情に訴える時は非常に効果的ですし、女性陪審員が好感を持ち信用するのはアースカラー（赤みがかった茶系の色）を着ている女性弁護士です。

裁判官の前ではプロフェッショナルに見えることが何より重要

弁護士は皆、一人二役をこなします。法廷に立つ時やクライアントのために駆け引きする時はセールスウーマン、オフィスにいるときは管理職の役割を果たします。管理職としては、弁護士の中でも権威を感じさせる服装、つまり、たいていはスーツを着ることになります。セールスウーマンの役割を果たす時は、セールスウーマンなら誰でもそうしているように、製品や顧客に合った服装、顧客に接近できる服装をしなければいけません。

裁判官の前に出る時は、男性裁判官であれ女性裁判官であれ、プロフェッショナルに見えるように振る舞うこと、決して彼らの権威を疑ったり、軽蔑するような態度をとったりしないことが重要です。

過剰にセクシーな服、かわいい服、レジャーウェアのように見える服を着ていると、相手は不愉快に感じます。あなたに反対の裁定を下すのは服が気に入らないからだ、と口に出しては言わないでしょうが、本音はそうでしょう。

Accountants
会計士のファッションルール

スタイリッシュであってはいけない

会計士に最も効果的な服装は、相変わらず非常にコンサバティブです。本書の元祖である『Dress for Success』の公式以外は当てはまらない唯一の職業が、会計士なのです。

多くの成功した女性会計士がスタイリッシュでフェミニンなスーツを着ていることと、また、スーツをまったく着ない女性もいることはわかっています。しかし、主要な会計事務所のクライアントに帳簿を任せたいと思う会計士を選んでもらったところ、90%の男性と72%の女性が、トラディショナルなカットのブルーやグレー、ベージュのスカートスーツを着た女性を選びました。スタイルが斬新で、魅力的でエレガントなテイストのスーツは役に立ちませんでした。

「退屈」なイメージこそ、会計士の成功の鍵

クラウディアは、2人目の子供の手が離れると、十数年ぶりに会計士の仕事に戻りました。3着のビジネス・サクセス・スーツを買ったのですが、出社し他のスタイリッシュな女性たちを見た途端、自分の服装が時代遅れであると確信しました。けれども、新しい服を買う余裕はなかったので、それから数カ月間、手持ちの服で間に合わせることにしました。

6カ月が過ぎた頃、クラウディアは、センスがよいことは自分のためにはならない、という結論を出しました。2つの主要なクライアントを含む多くのクライアントが、クラウディアのことを何も知らないのに彼女を指名したのです。今や事務所のパートナーになれる日も遠くないのですが、それは他の女性会計士たちが有能ではなかったわけではなく、彼女たちのほとんどが実際より有能ではなく見えたからでした。

私たちは何年か前に、会計士にとってイメージは実務の能力と同じくらい成功を

左右するということを発見しました。

ほとんどのクライアントは、自分の会社の会計士が何をしているかわかっていません。会計士を信じるしかありません。だからこそ、信頼できるように見える人を探し求めるのです。

残念ながら、会計はイメージが成功への重要な鍵になる分野のひとつであり、効果的なイメージは「退屈」なのです。

おしゃれな有能会計士グロリアの場合

高い学位をいくつも持った29歳の公認会計士のグロリアは、自分の住む市で最も高名な会計事務所のひとつに勤める税務のスペシャリストでした。彼女と女友だち2人は、自分たちが会計士らしくない服装をしていることを誇りにしていました。彼女はおしゃれな女性であるために、時間とお金と努力を費やしていました。

グロリアは、まるで写真に撮ったかのように、物事を鮮明に記憶する才能を持っていたのですが、その仕事を始めたばかりの頃は、彼女は何キロもの帳簿を持っていかなければなりませんでした。彼女が、その驚異的な記憶力でそらんじている税金番号を引用するたびに、官僚たちはその引用部分を示すように要求したからです。

彼女が扱う会計簿は非常に複雑で、会議はいつもある期間以上続けて行われました。期間中、国税庁から来るメンバーはほとんどいつも同じでした。

ある時、グロリアは休暇をとって旅行に出たのですが、悪天候のせいで帰りが、国税庁との2回目の会議の当日になってしまいました。あわてて、すっぴんのまま、オフィスに置いてあった非常用の時代遅れのブルーのスーツと白のブラウスを着て、アタッシュケースといつもの帳簿を抱えて会議に到着しました。店のウインドウに映る自分の姿をチラッと見た時、野暮ったくて質素な「田舎の女教師みたい」だ、と思ったそうです。

会議が始まり、彼女はいつものように税金番号を引用し、専門的な法律上の反論を続けました。すると、彼女が言うには、おかしなことが起こったのです。その日に限って誰1人、彼女の発言に疑問をはさみませんでした。

グロリアは本当に驚きました。グロリアが「つまらない、しょぼくれた女性」に見えたはずの時に、敵は彼女のカミソリのような頭脳に気がついたのです。そこで彼女は、次の3回目の会議にも必ず同じ服を着ていくことにしました。彼女によれば、その後の会議でも、誰も、彼女の発言の正確さを疑いませんでした。

突然彼女は、自分がある権威を持ったことを悟りました。あの重い帳簿ではなく彼女自身の権威が、事実を提示するプレゼンテーションの裏付けになったのです。グロリアの仕事は、ずっと簡単になりました。

グロリアは、服装を変えた時、人々の彼女に対する見方が変わったことがはっきりわかった、と言いました。ある会議の後、1人の国税局の係員が「僕は気づいていましたけど、あなたは初めての会議の時、あまり調子がよくなかったみたいですね。記憶力も、そんなに冴えていませんでしたし」と言ったそうです。

「もちろん、こんなのは馬鹿げた話です。抜群の記憶力を持っているからと言って、ルックスが他の人と違うわけじゃないですから。でも、世間がそう思っているなら、私はつまらないけど有能に見える服を着ることにします」と彼女は言いました。

Reporters
報道記者のファッションルール

相手に合わせ、相手と同じような服装をする

しばらく前まで、記者には庶民的な人が多かったため、記者たちは、自分のセンスでカジュアルな服装をすれば、街にいる平均的な女性たちに自然にとけ込むことができました。

ところが今では新聞や雑誌の記者は洗練されてしまっていて、カジュアルではあっても、育ちのよい印象を与えるような服装をしています。

でも、インタビューする相手は、あまり教育のない、田舎くさい人であることも多いので、そのような服装では仕事が大変になるだけです。

インタビューする相手と同じ店で仕事用の服を買えば、多くの女性記者は仕事がやりやすくなるはずです。相手と同じような服を着ていれば、威圧感を与えることはありません。

同じ理由で、ビジネスパーソンのインタビューに行く時は、スーツを着るようにお勧めします。スーツが、あなたをビジネスウーマンらしく見せてくれるからです。インタビューする相手はずっとリラックスできるでしょうし、嫌がらずに話してくれるでしょう。

とはいえ、ほとんどの記者は、その日誰を取材することになるかわからないまま、仕事の服を選ばなければなりません。2つのフォーカスグループ・インタビューで6人の記者たちと話した結果、女性記者は全員、車の中かオフィスにジャケットを1枚用意しておくべきだ、という結論に達しました。かなり裕福な層の人たちに対応する時はいつもジャケットを着て、後はクローゼットに置いておくべきです。

「私はあなたの友人ですよ」というメッセージを送る服装を

新聞社の通信員として働いていた頃、私はブラディ・マリー（血まみれのマリー）というあだ名の若い記者と働いていました。彼女はすばらしい才能を持っていました。政治家は彼女に、自分の妻にも言わないようなことを告白するのです。そして、彼らが口を割ったが最後、彼女はタイプライターのキーで彼らを容赦なく切り刻み、血まみれの記事ができ上がるというわけです。

彼女は、私が知っていた中で最も調査能力のある記者でした。実際は22歳なのに、無邪気であまり頭のよくない16歳の娘のように見えました。それが鍵でした。虫も殺さないような女性に見えたからこそ、皆油断してしまうのです。おとなしいルックスこそ、効果的なのです。

記者たちにこの話をすると、大都市の大きな新聞社で働いていた50代の女性が自分も似たような経験をしたことがあると言いました。市庁舎の官僚や業界のリーダーに会う時に着るパワフルなスーツと、スキャンダルを暴く任務を負った時に着る忙しい主婦のような服の2着を使い分けていたそうです。忙しい主婦のようなルックスを見ると、人々が安心してドアを開けるのがわかったからだということでした。

記者の服装は、「私はあなたの友人ですよ、悪いことはしませんよ」という印象を与えるべきなのです。

ただし、テレビの記者は違います。視聴者の期待を裏切らない信頼感漂うスーツかジャケットスタイルがよいのです。

赤い帽子と青い帽子の実験

相手に友人であることを伝えたり、まわりに自然にとけ込むには、色を合わせるのが効果的です。

そのことを示す興味深い実験があります。

心理学者が無作為に人を選び、いくつかの単純作業をしてもらうためにひとつの部屋に送り込みます。椅子を持ち上げたり、紙を折って封筒に入れたりする作業です。部屋の中なら、どこでもできる作業でした。

また、部屋の中にいる人であれば、誰といっしょに作業しても自由でした。部屋に彼らが入ってくると、心理学者が1人ひとりに青い帽子か赤い帽子をかぶるように言いました。誰にどちらをかぶらせるか、あらかじめ決めておくようなことはしていません。

1時間後に心理学者が部屋に戻ると、青い帽子の人は全員ある場所に集まり、赤い帽子の人は違う場所に集まり、まったく別々の場所で働いていました。

心理学者は皆を1人ずつ呼んで、どうして別々に働いているのか尋ねました。どちらのグループからの答えも同じでした。

彼らは別に他の色の帽子をかぶっている人に反対意見があるわけではないのに、なぜかいっしょにいると居心地が悪いような、信頼できないような気持ちになったのだ、と言いました。同じ色の帽子をかぶっている人といっしょにいるほうが快適だったのです。

Doctors
医師のファッションルール

医師に対するアドバイスは、ここ20年間ほとんど何も変わっていません。医者の白衣とポケットから覗く聴診器が、最も効果的な服装です。「私は医者です。私は責任者です。あなたを助けようとしています。私の言うことを聞きなさい」というメッセージを発する服装です。

私たちは昨年、20年前に行った調査を再び行いました。多くの女医にさまざまなパンツやスカート、ブラウスの上からジャケットを着てもらい、新しく担当する患者がどんな反応をするか調査しました。

短い白衣の下にコーディネイトした時最も効果的だったのは、ひざ下丈の濃い色のスカートと白を除く薄い色のブラウスでした。

ワンピースを着ても大丈夫だったのは、医者の年齢が40歳以上で、ワンピースの上から長い白衣を着た時だけでした。

服の品質の違いが潜在意識に働きかける

本書のための調査の一環で、同じ履歴書を持った2人の若い女性を25社の面接に派遣しました。2人とも服装は、黒いスカート、白いブラウス、赤いジャケットでした。ブラウスとスカートは平均的な価格の同じものでしたが、ジャケットは、1着はマンハッタンの五番街にある立派な店、もう1着はディスカウントストアで買ったものでした。ただし、2着のジャケットは、女性の1人がなぜこんな無駄な実験をするのかと私に尋ねたほどそっくりでした。

女性の個性が調査結果に影響しないように、12社の面接を終えたところで2人はジャケットを交換しました。最初に高価な赤いジャケットを着ていた女性は、内定を1つ、3社から連絡をもらいました。安いジャケットを着たほうは、1社から連絡をもらっただけでした。ジャケット交換後、高いジャケットの女性は内定を1つ、4社から連絡をもらい、安いジャケットの女性は、12社とも全滅でした。

2人の女性と2人に付き添っていた心理学の学生にヒアリングすると、高いジャケットを着ていた時、優先的な扱いを受けたと認めました。高いジャケットは、安いジャケットと比べると、腰をおろすように勧められて企業に関する説明を受ける確率が2倍でした。ボディランゲージの違いも瞬時に表れ、高いジャケットでは歓迎の微笑みがあったのに、安いジャケットの時は、採用担当者はぶっきらぼうで、無礼な態度をとった人もいました。

AFTERWORD
日本語版改訂版の発刊に寄せて

本書の著者ジョン・T・モロイの名をアメリカ中に広めたのは、1977年の『Dress for Success』と、次いで出版された『Women's Dress for Success』でした。特に、ビジネスマンを対象とした『Dress for Success』は、驚異的なミリオンセラーとなり、ジョン・T・モロイを、アメリカ最高のワードローブ専門家、イメージコンサルタントとしたのでした。

彼の本の特徴は、なんといっても、調査による事実に基づくアドバイスにあります。実際、『Dress for Success』は、出版当時、しっかりした調査に裏付けられたビジネスのためのワードローブの本としては、最初で唯一のものでした。ジョン・T・モロイはそこで、服装が、ビジネスパーソンの収入やポスト、名声などを左右することを、初めて証明したのです。私自身、アメリカから帰った友人から渡された『Dress for Success』を読んだ時の衝撃と興奮は忘れられません。服装が人々の潜在意識に与えるメッセージが、本書と同様、すべて調査と実験によって示されていたのですから。

たとえば、こんなものもありました。ステイタスを示すコートの色を調査するために、黒、ネイビー、フォレストグリーン、ベージュなど、同じ形と素材で、色だけ異なるコートを着て、日本で言えば銀座四丁目の和光の前のようなところに立ち、道行く人に「すみませんが、電話をかけたいので、25セント貸してくれませんか？」と声をかけるのです。一定時間内に、いくらお金を借りることができたかによって、色の効果を知ろうというわけです。確か、もっとも成績が良かったのはベージュでした。それ以外にもいくつかの実験や調査によって、男性の「成功するコート」の色は、ベージュ、次いでネイビー。黒のコートは、労働者階級のものだ、と結論づけていました。私自身、このアドバイスに従って、父のコート選びを手伝ったものでした。

アメリカではミリオンセラーとなり、女性版も出て、また、その20年後には、それぞれの最新版も出版されました。本書は、その女性版の最新版をかなり遅れて、2005年に邦訳して弊社から出版した『ミリオネーゼのファッションルール』の改訂版となります。

ということは、かれこれ、20年ほど前のものです。

AFTERWORD

日本語版改訂版の発刊に寄せて

にもかかわらず、今回、改訂版を刊行することにしたのは、この数年ですっかり増えてきた管理職や役員を務める女性たちとお話ししていて、彼女たちが後輩たちに教える重要なアドバイスのひとつに服装があり、それが20年前の本書の元本でのべられていることとほとんど変わらなかったからです。

たとえば、ミニスカート厳禁、ジャケット必須、男性の集団の中で視覚的に邪魔にならないような色を選ぶこと、役職に合った威厳と気品を服で表現すること、セクシーであってはならないこと等々、その基本は、ここに挙げられていることとほとんど変わりません。

そして、それらの知識がまだまだ知られていない状況も、変わっていませんでした。相変わらず、働く女性たちは、実は一般企業では働いたことのない人たちによって作られているファンション誌やそれに類する書籍の情報から、仕事着を選んでいるのです。それが、知らず知らずのうちに、自分を能力以下に見せてしまっている可能性があることに気づかずに。

というわけで、本書のアドバイスは、原書のアメリカでの発売から20年以上経った今でも、そして、ビジネス環境の異なる我が国でも十分に役立つ点がたくさんあります。特に、ビジネス環境の違いという点では、今後ますます女性の活躍の場が国際的になり、かつ、日本の企業においても、アメリカ人の経営陣、上司、同僚とともに働くことが珍しくなくなったことを思えば、アメリカ社会の現実として、かえって知っておくべきことなのかもしれません。

とはいえ、いくつかそのままでは使えない部分もあるでしょう。たとえば、本書の中で「トラディショナル・ビジネス・サクセス」スーツと呼んでいるスーツは、我が国の「リクルート・スーツ」にかなり近いものです。したがって、このタイプの黒いスーツを着ていると、管理職候補というより、求職活動中の女性だと思われてしまう可能性があります。

また、この数年で日米共にさらにオフィスの服装はカジュアルになってきていますから、本書のアドバイスは、コンサバティブにすぎる点もあるかもしれません。

けれども、それでもなお、本書の本質的な価値が損なわれることはないはずです。それは、服装が、その服装をしている人に対して周囲が抱くイメージを決定づけ、それが、その人のビジネスでの成功に大きく影響するということ、さらにそのイメージの決定は、それを抱いた本人も気づかないほど潜在的なものであるということです。

さらに、そのイメージを決定する要素――色や形――を知り、相手にどういう印象を与えたいのか（美人に見せたいのか有能に見せたいのか、親しみやすさを表現したいのか威圧したいのかなど）によって、使い分けることができるという点です。

もし、本書の具体的なアドバイスがそのままでは使えない部分が多いと思われる方は、ぜひ、巻末に用意した著者作成の「ファッション・ダイアリー（Dress for Success Diary）」をつけてみてください。著者の手法に従って、どんな服装をした時に、誰から、どういう扱いを受けたのか、できるだけ客観的に詳細に記録してみるのです。

その上で、今日はあえて「有能感」を押し出してみよう、今日は「威圧感」で交渉を有利に運ぼう、今日は「話しやすい人」アピールで味方につけようなどなど、戦略的な装いができるようになったら、あなたは、すっかり服を仕事の味方にできたことになります！

皆さまも「ファッション・ダイアリー」をつけて気づいたことがあったら、ぜひ、編集部までメールをお寄せください。働く私たちのファッションの新しいスタンダードが生まれるかもしれません。

２０１８年　夏

ディスカヴァー・トゥエンティワン取締役社長　干場弓子

Dress *for* Success Diary

ビジネス
ファッションダイアリー

この本を読み終わってもまだ、各アイテムに関する私のアドバイスや「ビジネスで成功する服」というコンセプトそのものに対する疑問が消えない人もいらっしゃるでしょうが、簡単にその疑問を解消する方法があります。「Dress for Success Diary」をつけることです。

あなたは、私が見つけたルールの例外なのかもしれませんが、自分の将来が間違った服装によって決まってしまう前に、まずチェックすることをお勧めします。ある特定のアイテムを調査するなら、少なくとも1カ月間記録をつけましょう。調査するアイテムを着てみて、それから私が勧めたアイテムを着てください。

何を調査する時でも、まず調査結果を曲げてしまうような要素を削除しなければいけません。新しい高価なスーツと着古したワンピースで比較調査する場合、スーツを着ている時、好意的な扱いを受けたとしても、それがスーツを着るべきだという結果を意味しているわけではありません。単に新しい高価なアイテムが必要だということを意味しているだけです。

どのスタイルが最も自分に効果的かということを調査するなら、アイテムの色を同じにすること、どの色が最も効果的か調査するなら比較するアイテムのスタイルを同じにすることです。

巻末に、「Dress for Success Diary」を載せました。私たちがクライアントに渡しているものと、まったく同じ内容です。そのまま記入して使っていただいてもいいし、コピーして使ってくださってもいいし、あなたのニーズに合うように作り変えてくださっても結構です。

ここに載っていない新しい要素を計測するなら、同じように1から10までの数字で評価をつけましょう。そうすれば、スコアを比較しやすくなります。結果を分析する時は、それぞれのスコアに適切な比重を割り当ててください。たとえば、あなたにとって上司の2倍クライアントが大切なら、クライアントのスコアを2倍にしましょう。

では、成功を祈ります。

Dress *for* Success Diary
ビジネスファッションダイアリー

今日の服装　　　　年　　月　　日

人からどう扱われたか

上司　1　2　3　4　5　6　7　8　9　10
同僚　1　2　3　4　5　6　7　8　9　10
部下　1　2　3　4　5　6　7　8　9　10
その他　1　2　3　4　5　6　7　8　9　10

人からどう見られたか

権威　1　2　3　4　5　6　7　8　9　10
能力　1　2　3　4　5　6　7　8　9　10
プロフェッショナルらしさ　1　2　3　4　5　6　7　8　9　10
その他　1　2　3　4　5　6　7　8　9　10

Dress *for* Success Diary
ビジネスファッションダイアリー

今日の服装　　年　　月　　日

人からどう扱われたか

上司　1　2　3　4　5　6　7　8　9　10

同僚　1　2　3　4　5　6　7　8　9　10

部下　1　2　3　4　5　6　7　8　9　10

その他　1　2　3　4　5　6　7　8　9　10

人からどう見られたか

権威　1　2　3　4　5　6　7　8　9　10

能力　1　2　3　4　5　6　7　8　9　10

プロフェッショナルらしさ　1　2　3　4　5　6　7　8　9　10

その他　1　2　3　4　5　6　7　8　9　10

Dress *for* Success Diary

ビジネスファッションダイアリー

今日の服装　　　　年　　月　　日

人からどう扱われたか

上司　1　2　3　4　5　6　7　8　9　10

同僚　1　2　3　4　5　6　7　8　9　10

部下　1　2　3　4　5　6　7　8　9　10

その他　1　2　3　4　5　6　7　8　9　10

人からどう見られたか

権威　1　2　3　4　5　6　7　8　9　10

能力　1　2　3　4　5　6　7　8　9　10

プロフェッショナルらしさ　1　2　3　4　5　6　7　8　9　10

その他　1　2　3　4　5　6　7　8　9　10

Dress *for* Success Diary
ビジネスファッションダイアリー

今日の服装　　　　　　年　　月　　日

人からどう扱われたか

上司	1	2	3	4	5	6	7	8	9	10
同僚	1	2	3	4	5	6	7	8	9	10
部下	1	2	3	4	5	6	7	8	9	10
その他	1	2	3	4	5	6	7	8	9	10

人からどう見られたか

権威	1	2	3	4	5	6	7	8	9	10
能力	1	2	3	4	5	6	7	8	9	10
プロフェッショナルらしさ	1	2	3	4	5	6	7	8	9	10
その他	1	2	3	4	5	6	7	8	9	10

Dress *for* Success Diary
ビジネスファッションダイアリー

今日の服装　　　　年　　月　　日

人からどう扱われたか

上司	1	2	3	4	5	6	7	8	9	10
同僚	1	2	3	4	5	6	7	8	9	10
部下	1	2	3	4	5	6	7	8	9	10
その他	1	2	3	4	5	6	7	8	9	10

人からどう見られたか

権威	1	2	3	4	5	6	7	8	9	10
能力	1	2	3	4	5	6	7	8	9	10
プロフェッショナルらしさ	1	2	3	4	5	6	7	8	9	10
その他	1	2	3	4	5	6	7	8	9	10

Dress *for* Success Diary
ビジネスファッションダイアリー

今日の服装　　　　年　　月　　日

人からどう扱われたか

上司	1	2	3	4	5	6	7	8	9	10
同僚	1	2	3	4	5	6	7	8	9	10
部下	1	2	3	4	5	6	7	8	9	10
その他	1	2	3	4	5	6	7	8	9	10

人からどう見られたか

権威	1	2	3	4	5	6	7	8	9	10
能力	1	2	3	4	5	6	7	8	9	10
プロフェッショナルらしさ	1	2	3	4	5	6	7	8	9	10
その他	1	2	3	4	5	6	7	8	9	10

Dress *for* Success Diary
ビジネスファッションダイアリー

今日の服装　　　　年　　月　　日

人からどう扱われたか

上司　1　2　3　4　5　6　7　8　9　10
同僚　1　2　3　4　5　6　7　8　9　10
部下　1　2　3　4　5　6　7　8　9　10
その他　1　2　3　4　5　6　7　8　9　10

人からどう見られたか

権威　1　2　3　4　5　6　7　8　9　10
能力　1　2　3　4　5　6　7　8　9　10
プロフェッショナルらしさ　1　2　3　4　5　6　7　8　9　10
その他　1　2　3　4　5　6　7　8　9　10

Dress
for
Success Diary

ビジネスファッションダイアリー

今日の服装　　　　年　　月　　日

人からどう扱われたか

上司	1	2	3	4	5	6	7	8	9	10
同僚	1	2	3	4	5	6	7	8	9	10
部下	1	2	3	4	5	6	7	8	9	10
その他	1	2	3	4	5	6	7	8	9	10

人からどう見られたか

権威	1	2	3	4	5	6	7	8	9	10
能力	1	2	3	4	5	6	7	8	9	10
プロフェッショナルらしさ	1	2	3	4	5	6	7	8	9	10
その他	1	2	3	4	5	6	7	8	9	10

Dress *for* Success Diary
ビジネスファッションダイアリー

今日の服装　　　　　　　　　　年　　月　　日

人からどう扱われたか

上司　1　2　3　4　5　6　7　8　9　10

同僚　1　2　3　4　5　6　7　8　9　10

部下　1　2　3　4　5　6　7　8　9　10

その他　1　2　3　4　5　6　7　8　9　10

人からどう見られたか

権威　1　2　3　4　5　6　7　8　9　10

能力　1　2　3　4　5　6　7　8　9　10

プロフェッショナルらしさ　1　2　3　4　5　6　7　8　9　10

その他　1　2　3　4　5　6　7　8　9　10

Dress *for* Success Diary

ビジネスファッションダイアリー

今日の服装　　　　　　年　　月　　日

人からどう扱われたか

上司	1	2	3	4	5	6	7	8	9	10
同僚	1	2	3	4	5	6	7	8	9	10
部下	1	2	3	4	5	6	7	8	9	10
その他	1	2	3	4	5	6	7	8	9	10

人からどう見られたか

権威	1	2	3	4	5	6	7	8	9	10
能力	1	2	3	4	5	6	7	8	9	10
プロフェッショナルらしさ	1	2	3	4	5	6	7	8	9	10
その他	1	2	3	4	5	6	7	8	9	10

Dress for Success Diary

ビジネスファッションダイアリー

今日の服装　　　　年　　月　　日

人からどう扱われたか

上司	1	2	3	4	5	6	7	8	9	10
同僚	1	2	3	4	5	6	7	8	9	10
部下	1	2	3	4	5	6	7	8	9	10
その他	1	2	3	4	5	6	7	8	9	10

人からどう見られたか

権威	1	2	3	4	5	6	7	8	9	10
能力	1	2	3	4	5	6	7	8	9	10
プロフェッショナルらしさ	1	2	3	4	5	6	7	8	9	10
その他	1	2	3	4	5	6	7	8	9	10

Dress *for* Success Diary

ビジネスファッションダイアリー

今日の服装　　　　年　　月　　日

人からどう扱われたか

上司　1　2　3　4　5　6　7　8　9　10

同僚　1　2　3　4　5　6　7　8　9　10

部下　1　2　3　4　5　6　7　8　9　10

その他　1　2　3　4　5　6　7　8　9　10

人からどう見られたか

権威　1　2　3　4　5　6　7　8　9　10

能力　1　2　3　4　5　6　7　8　9　10

プロフェッショナルらしさ　1　2　3　4　5　6　7　8　9　10

その他　1　2　3　4　5　6　7　8　9　10

Dress *for* Success Diary
ビジネスファッションダイアリー

今日の服装　　　　年　　月　　日

人からどう扱われたか

上司　1　2　3　4　5　6　7　8　9　10

同僚　1　2　3　4　5　6　7　8　9　10

部下　1　2　3　4　5　6　7　8　9　10

その他　1　2　3　4　5　6　7　8　9　10

人からどう見られたか

権威　1　2　3　4　5　6　7　8　9　10

能力　1　2　3　4　5　6　7　8　9　10

プロフェッショナルらしさ　1　2　3　4　5　6　7　8　9　10

その他　1　2　3　4　5　6　7　8　9　10

Dress *for* Success Diary
ビジネスファッションダイアリー

今日の服装　　　　　　　　年　　月　　日

人からどう扱われたか

上司	1	2	3	4	5	6	7	8	9	10
同僚	1	2	3	4	5	6	7	8	9	10
部下	1	2	3	4	5	6	7	8	9	10
その他	1	2	3	4	5	6	7	8	9	10

人からどう見られたか

権威	1	2	3	4	5	6	7	8	9	10
能力	1	2	3	4	5	6	7	8	9	10
プロフェッショナルらしさ	1	2	3	4	5	6	7	8	9	10
その他	1	2	3	4	5	6	7	8	9	10

Dress *for* Success Diary

ビジネスファッションダイアリー

今日の服装　　　　年　　月　　日

人からどう扱われたか

上司	1	2	3	4	5	6	7	8	9	10
同僚	1	2	3	4	5	6	7	8	9	10
部下	1	2	3	4	5	6	7	8	9	10
その他	1	2	3	4	5	6	7	8	9	10

人からどう見られたか

権威	1	2	3	4	5	6	7	8	9	10
能力	1	2	3	4	5	6	7	8	9	10
プロフェッショナルらしさ	1	2	3	4	5	6	7	8	9	10
その他	1	2	3	4	5	6	7	8	9	10

Dress *for* Success Diary

ビジネスファッションダイアリー

今日の服装　　　　年　　月　　日

人からどう扱われたか

上司	1	2	3	4	5	6	7	8	9	10
同僚	1	2	3	4	5	6	7	8	9	10
部下	1	2	3	4	5	6	7	8	9	10
その他	1	2	3	4	5	6	7	8	9	10

人からどう見られたか

権威	1	2	3	4	5	6	7	8	9	10
能力	1	2	3	4	5	6	7	8	9	10
プロフェッショナルらしさ	1	2	3	4	5	6	7	8	9	10
その他	1	2	3	4	5	6	7	8	9	10

Dress *for* Success Diary

ビジネスファッションダイアリー

今日の服装　　　　年　　月　　日

人からどう扱われたか

上司	1	2	3	4	5	6	7	8	9	10
同僚	1	2	3	4	5	6	7	8	9	10
部下	1	2	3	4	5	6	7	8	9	10
その他	1	2	3	4	5	6	7	8	9	10

人からどう見られたか

権威	1	2	3	4	5	6	7	8	9	10
能力	1	2	3	4	5	6	7	8	9	10
プロフェッショナルらしさ	1	2	3	4	5	6	7	8	9	10
その他	1	2	3	4	5	6	7	8	9	10

Dress *for* Success Diary
ビジネスファッションダイアリー

今日の服装　　　　年　　月　　日

人からどう扱われたか

上司	1	2	3	4	5	6	7	8	9	10
同僚	1	2	3	4	5	6	7	8	9	10
部下	1	2	3	4	5	6	7	8	9	10
その他	1	2	3	4	5	6	7	8	9	10

人からどう見られたか

権威	1	2	3	4	5	6	7	8	9	10
能力	1	2	3	4	5	6	7	8	9	10
プロフェッショナルらしさ	1	2	3	4	5	6	7	8	9	10
その他	1	2	3	4	5	6	7	8	9	10

服を味方にすれば仕事はうまくいく

発行日　2018年　8月30日　第1刷

Author　ジョン・T・モロイ

監修　中野香織
Translator　八重田暁子（協力:トランネット）
Illustrator　Momo Saito
Book Designer　坂川朱音 (krran)

Publication　株式会社ディスカヴァー・トゥエンティワン
〒102-0093　東京都千代田区平河町2-16-1 平河町森タワー11F
TEL　03-3237-8321（代表）
FAX　03-3237-8323
http://www.d21.co.jp

Publisher　干場弓子
Editor　干場弓子+大山聡子+木下智尋

Marketing Group
Staff　小田孝文　井筒浩　千葉潤子　飯田智樹　佐藤昌幸　谷口奈緒美
古矢薫　蛯原昇　安永智洋　鍋田匠伴　榊原僚　佐竹祐哉　廣内悠理
梅本翔太　田中姫菜　橋本莉奈　川島理　庄司知世　谷中卓
小木曽礼丈　越野志絵良　佐々木玲奈　高橋雛乃

Productive Group
Staff　藤田浩芳　千葉正幸　原典宏　林秀樹　三谷祐一　大竹朝子　堀部直人
林拓馬　塔下太朗　松石悠　渡辺基志

Digital Group
Staff　清水達也　松原史与志　中澤泰宏　西川なつか　伊東佑真　牧野類
倉田華　伊藤光太郎　高良彰子　佐藤淳基

Global & Public Relations Group
Staff　郭迪　田中亜紀　杉田彰子　奥田千晶　李瑋玲　連苑如

Operations & Accounting Group
Staff　山中麻吏　小関勝則　小田木もも　池田望　福永友紀

Assistant Staff　俵敬子　町田加奈子　丸山香織　小林里美　井澤徳子　藤井多穂子
藤井かおり　葛目美枝子　伊藤香　常徳すみ　鈴木洋子　石橋佐知子
伊藤由美　畑野衣見　井上竜之介　斎藤悠人　平井聡一郎

Proofreader　文字工房燦光
DTP　アーティザンカンパニー株式会社
Printing　シナノ印刷株式会社

ISBN978-4-7993-2315-1